KB053785

현 스승 산트 발지트 싱 1962년~

산트 타카르 싱 1929년~2005년

산트 키르팔 싱 1894년~1974년

산트 발지트 싱의 첫 공식 소개 (2005.2.6)

삶의 수레바퀴

삶의 수레바퀴

초판 펴낸 날 | 2015년 6월 15일

지은이 | 산트 키르팔 싱
옮긴이 | (사)한국KTS명상회
펴낸이 | (사)한국KTS명상회
펴낸곳 | 한국에디션나암
출판등록 | 2013년 2월 6일 제 542-2013-1호
주소 | 경상남도 고성군 마암면 성전 1길 114-63
전화 | 055)672-1528
팩스 | 055)672-9928
이메일 | naam@santmat.or.kr
국내 홈페이지 | www.santmat.or.kr
국제 홈페이지 | www.knowthyself.org

ISBN 979-11-954194-2-5   03150

* 잘못 만들어진 책은 바꾸어 드립니다.
* 값은 뒷표지에 있습니다.

(사)한국KTS명상회는 산트 발지트 싱의 영적 단체로서 자비와 박애주의, 그리고 인류에 대한 봉사정신을 실천하며 모든 영혼이 성스런 내면의 빛과 소리에 대한 명상을 통해 깨달음의 과정을 시작할 수 있도록 돕고 있습니다.

삶의 수레바퀴

산트 키르팔 싱 지음 · (사)한국 KTS 명상회 옮김

나암

산트 키르팔 싱

Sant Kirpal Singh

1894년 2월 6일 ~ 1974년 8월 21일

세상에 온 모든 스승들을 통해 사역해 오신 전능하신 신께,

그리고 저자에게 성스러운 나암(Naam)의 감로수를 듬뿍 부어주신

바바 사완 싱 지 마하라즈의 연꽃 같은 발 앞에

이 책을 바칩니다.

차 례

에필로그

부록

인간은 사회적 여건상 늘 지식을 갈구하며 살아갑니다. 그들은 기존의 지식은 물론 미지의 세계에 대해서도 알고자 노력하며, 이러한 갈망은 아주 어린 시절부터 죽는 순간까지 쉼 없이 지속됩니다. 그러나 인간의 지식은 생물에 대한 지식이든 무생물에 대한 지식이든 모두 무명에 덮여 있을 따름입니다. 그렇기에 알면 알수록 더 많이 알아야 할 필요성을 느끼게 되고, 새로운 지식을 접할 때마다 더욱더 초라하고 보잘것없는 자신을 절감합니다.

사상가와 철학자들은 오랜 세월 동안 탐구에 탐구를 거듭하며 자신이 발견한 사실들을 기록으로 남겨왔고, 그렇게 인간의 연구는 대를 이어가며 지속적인 발전을 이룩해왔습니다. 그런데도 인간은 수천 년이 흐른 지금에 이르러서도 고작 지식이라는 대양의 가장자리에 서 있는 자신을 발견할 뿐입니다. 세속의 지식은 인간을 혼란에 빠뜨리고 있습니다. 그 중에서도 가장 심각한 문제는, 인간이 몸을 입고 살아가는 동안에는 오직 이러한 지식들밖에 접할 수 없다는 사실입니다.

우리는 죽은 후에 어떻게 될까요? 누구도 알지 못합니다. 진정한 지식은 세상 너머의 지식에서 시작되기 때문입니다.

이 책의 저자이자 위대한 스승인 산트 키르팔 싱은 인간에게 가장 근본적이고도 진정한 지식을 이해시키고자 노력했습니다. 그는 우리에게 지식의 핵심을 깨우쳐주고자 애썼습니다. 인간이 보이거나 보이지 않는 모든 존재의 핵심에 자리하게 되면, 그는 모든 것을 알게 됩니다. 그때에는 더 이상 알아야 할 것도, 찾아야 할 것도 존재하지 않습니다.

먼저 우리는 자신이 영혼임을 깨달아야 합니다. 영혼은 육체적 활동의 근원입니다. 영혼과 연결됨으로써, 즉 신성한 빛과 소리에 집중함으로써 인간은 마음과 물질의 구속에서 벗어나 자신의 영혼과 신을 깨닫게 됩니다.

산트 키르팔 싱 스승은 《삶의 수레바퀴》 외에도 상당수의 유익한 책들을 집필했습니다. 그는 또한 루하니 사트상의 설립자이기도 합니다. 지금도 세계 곳곳에는 신성한 과학에 입문한 영혼들과 마나브 켄드라 센터가 존재하고 있으며, 그들은 산트 키르팔 싱의 가르침에 따라 인류에게 사회적 봉사활동을 펼치고 있습니다. 그는 15년간 "세계 종교회" 의장을 역임하면서 세계의 종교 지도자들이 한자리에 모여 서로의 의견을 나누고 화합하는 데 큰 기여를 했으며, 한 걸음 더 나아가 세계 각계각층에서 활동하는 사람들을 인류라는 이름 아래 모아들였습니다. 그는 이 모임을 "인류화합 세계총회World Conference of Unity of Man"라고 불렀습니다. 세계 각지에 사는 수많은 사람들이 신인神人의 부름을 좇아 종교, 국적, 계급, 신조, 그리고 정치적 이해를 넘어 델리에 모였으며 인간이라는 차원에서 서로 하나가 되었습니다. 그는 모두에게 '인류는 같은 아버지를 둔 한 형제'임을 이해시키고자 했던 것입니다.

그의 가르침을 따르는 봉사단체들은 더욱더 활발한 활동을 펼치고 있으며, 진리를 추구하는 많은 영혼들이 이러한 영적 헌신에 기꺼이 동참하고 있습니다. 이로써 인간은 자신과 인류, 그리고 신을 향한 참다운 사랑과 봉사와 헌신이 무엇인지를 깨우치게 됩니다.

부디 영혼을 불사르는 욕망의 불길을 잠재우고 신의 샘에서 흘러나온 영약으로 구원에 이르기를, 그리하여 영원불멸한 열락의 삶을 되찾기를 간절히 기원합니다.

산트 타카르 싱

Thakar Singh

이 글은 산트 키르팔 싱이 1963년 10월 12일에
키르팔 아쉬람에서 강연했던 내용을 발췌한 것입니다.

인과와 은총

세상에는 두 가지 법칙이 존재합니다. 그 중 하나는 인과의
법칙이고 다른 하나는 은총의 법칙입니다. 이는 마치 촛불을 켰
을 때와도 같습니다. 초를 켜면 위쪽에는 불빛이, 아래쪽에는 어
둠이 존재하게 됩니다. 만일 전구를 켠다면 이번엔 어둠이 위쪽
을, 불빛은 아래쪽을 차지할 것입니다. 이처럼 세상은 이 두 가
지 법칙으로 돌아가고 있습니다.

씨를 뿌린다는 것. 우리는 이 말을 명심해야 합니다. 인간이

씨앗을 뿌리면 훗날 그곳에는 같은 씨앗이 자라게 됩니다. 원인이 있으면 결과가 생겨나고 그 결과는 또다시 다른 결과로 이어지기 때문입니다. 이렇게 반복되는 것입니다. 여기에는 끝이 없습니다. 한번 뿌린 씨앗은 반드시 열매를 맺게 되고 인간은 그 열매를 피할 도리가 없습니다. 이런 식으로 수많은 행위들이 생겨나는 것입니다.

이 모든 행위들은 결국 한 가지에 속하지만, 그 형태는 세 가지로 나뉘게 됩니다.

먼저, 우리가 매일매일 만들어가는 일정한 행위, 즉 매 순간 짓게 되는 새로운 행위들이 있으며, 우리는 이를 "새로 뿌린 씨앗"이라 부르기도 합니다. 또한 이미 뿌려진 씨앗(행위) 중 일부는 현재 그 열매를 거두는 중이기도 합니다. 그 외 나머지 씨앗(행위)들은, 이미 뿌렸으되 아직 그 열매를 드러내지 않은 경우에 속합니다. 이렇게 해서 행위, 즉 카르마는 세 가지 종류로 나뉘게 되는 것입니다.

우리의 현재 삶은 과거에 뿌렸던 씨앗의 열매입니다. 이를 프랄라브다 카르마Pralabdha Karma, 즉 운명 카르마라 부릅니다. 이 카르마가 우리의 인생을 결정하는 것입니다. 이 운명 카르마에 따라 누군가는 아이를 낳고, 누군가는 죽으며, 누군가는 추하고, 누군가는 늙고, 누군가는 주고받는 관계를 만들어가게 됩니다. 현재의 삶은 과거에 뿌린 씨앗의 결실이자 미래를 만들어가는 새로운 씨앗의 터전이기도 합니다.

만일 우리가 철로를 놓는다면 열차가 그 위를 지나갈 것입니다. 철로를 놓기 전이라면 이것을 저쪽에 놓을지, 혹은 이쪽에 놓을지를 결정할 수도 있지만 일단 한번 철로가 놓이면 열차는 무조건 그 위를 달려가는 수밖에 없습니다.

앞서 언급했듯, 카르마는 현재 결실을 맺고 있는 카르마와 지금 이 순간 새로이 만들어가는 카르마, 그리고 아직 열매는 맺지 않았지만 앞으로 반드시 실현될 카르마로 나뉩니다. 우리는 정해진 운명 안에서 일정 부분 자유롭게 행동할 수는 있지만, 이 행동 역시 또 다른 운명의 원인으로 작용합니다. 행위에는 결과가, 그 결과에는 또 다른 결과가 끊임없이 이어지기 때문입니다.

스승은 누군가를 입문시킬 때 그의 운명 카르마에는 관여하지 않습니다. 우리의 현재 삶은 바로 이 운명 카르마에서 나온 것이기 때문입니다. 그는 이 카르마가 그대로 흘러가도록 놓아

둡니다. 그 대신 스승은 두 가지 일을 진행합니다.

스승이 첫 번째로 하는 일은, 제자의 앞날을 위해 그들이 지켜야 할 행동 규범을 일러주는 일입니다. 말이나 행동으로도, 그리고 마음으로도 다른 이를 나쁘게 대하지 마십시오. 마음 깊은 곳에서부터 진실해야 합니다. 그릇된 일은 보이지 않는 곳에서조차 생각지도, 행하지도, 계획하지도, 주장하지도 말며, 항상 모든 일을 공명정대하게 처리하십시오.

그리고 여기에서 한 걸음 더 나아가, 늘 말과 행동, 마음의 순결을 유지하고, 모든 이를 사랑하십시오. 모든 인간은 동등하기 때문입니다. 모든 인간에게는 동일한 특권이 주어져 있습니다. 그러므로 사랑하십시오. 신은 그들 모두의 가슴에 존재합니다. 가난하든 부유하든, 학식이 풍부하든 그렇지 못하든, 우리 모두는 신이 부여한 똑같은 특권을 지니고 있습니다. 그러므로 말이나 행동, 그리고 마음으로도 다른 누군가를 미워해서는 안 됩니다. 신과 전 인류를 사랑하게 되면, 우리는 무아의 봉사를 실천하게 됩니다. 이는 이기적인 봉사와는 다릅니다. 사랑은 봉사와 헌신이 무엇인지를 알고 있기 때문입니다. 이기적인 봉사는 새로운 결과를 불러오는 원인이 될 뿐입니다. 만일 우리가 신과 타인을 위해 무아의 봉사를 실행할 수 있다면 여기에는 인과의 관계가 성립되지 않습니다.

스승이 두 번째로 하는 일은 과거 행위에서 비롯된 현생의 카르마를 완화하거나 씻어주는 일입니다. 어떻게 그럴 수 있을까요? 스승이 우리의 영혼에 생명의 양식을 건네주기 때문입니다. 우리는 그 양식으로 강해질 수 있습니다. 두 사람이 격투를 벌인다고 가정해봅시다. 한 사람은 대단히 약하고 다른 한 사람은 강합니다. 싸움이 시작되고 주먹질이 오가게 되면 약한 이는 단 한 방에도 그대로 쓰러져 죽을 것 같다고 울부짖을 것입니다. 그러나 강한 이는 이렇게 말하겠지요.

"이 정도는 아무것도 아니야. 이깟 주먹 몇 대쯤은 맞아도 끄떡없어."

무엇 때문이겠습니까? 강하기 때문입니다.

생명의 양식을 먹는 영혼들은 카르마가 닥쳐온다 해도 그로 인한 괴로움에서 벗어날 수가 있습니다. 이처럼 스승은 제자의 앞날을 위해서는 행동 규범을 정해주고, 제자의 현재를 위해서는 영혼의 양식을 건네주는 것입니다. 이로써 인간은 강해지고 고통은 사라지게 됩니다.

또한 그는 아직 드러나지 않은 잠재된 카르마를 위해 여러분을 내면의 신과 연결시켜줍니다. 여러분이 내면의 신과 연결되어 내적인 눈을 뜨게 되면 모든 일의 행위자는 바로 신임을 깨닫게 됩니다. 우리는 그저 신의 손길에 따라 움직이는 꼭두각시 인형임을 알게 되는 것입니다. 이제 인간은 신의 사역에 동참하는 일꾼으로 거듭나고, 여기에는 더 이상 '나'가 존재하지 않습니다. 그리하여 과거에 심었으나 아직 그 열매를 맺지 않은 씨앗들은 모두 불타버리는 것입니다. 내가 사라졌는데 대체 누가 누구의 열매를 거둘 수 있겠습니까? 과거 행위의 사슬에서 풀려난다는 것은 바로 이러한 일을 의미합니다.

만일 여러분이 자신을 행위자라고 여긴다면, 혹은 아주 약간이나마 '나'라는 의식으로 '나는 이러저러한 일들을 할 수 있어.'라고 생각한다면, 여러분은 그 행위의 과보를 피할 수가 없습니다. 그러나 나라는 행위자가 사라지면 행위자는 신이 됩니다. 이제 여러분은 사면된 것입니다.

이슬람 경전에 이러한 일화가 있습니다.

한 성인이 있었습니다. 그는 아주 어릴 때부터 속세를 떠나 이곳 키르팔 아쉬람처럼 깊은 산골에서 생활하는 사람이었습니다. 다행히 이곳에는 물과 전기도 들어오고 그 외의 모든 생필품이 갖춰져 있지만, 성인이 사는 곳에는 아무것도 없었습니다. 근방을 수백 미터나 찾아 헤맸지만 식량은커녕 마실 물조차도 찾을 수가 없었습니다. 결국 그는 신에게 간절한 기도를 올렸고 마침내 신은 그의 기도를 들어주었습니다. 그곳에 작은 샘이 솟아나더니 달고 시원한 물이 흘러나오기 시작했던 것입니다. 그는 이제 날마다 샘물을 마실 수 있었습니다. 그뿐만이 아니었습니다. 샘터에 있던 석류나무에는 하루에 한 알씩 석류가 열리곤 했습니다. 성인은 매일같이 샘물과 석류를 먹게 되었고 그렇게 하루하루가 흘러갔습니다.

칠팔십년이 흐른 후 성인은 죽음을 맞이했고, 그리하여 신의 법정에 서게 되었습니다. 신은 그에게 이렇게 말했습니다.

"좋다. 이제 은총을 베풀어 네 죄를 사하노라."

성인의 눈이 휘둥그레졌습니다.

"저는 평생 동안 고행에 고행을 거듭하며 제 자신을 억눌러왔습니다. 그런 제가 은총으로 사면받았다는 말씀이신가요? 오로지 은총만으로 말입니까?"

그는 속으로 이 판정이 대단히 부당하다고 생각했습니다. 그의 마음을 아는 신은 이렇게 물었습니다.

"그렇다면 네 행위에 대한 정당한 보상을 받고 싶으냐?"

이는 그가 속으로 원하던 바였습니다.

"그렇습니다. 부디 그렇게 해주소서."

"그렇다면 보거라. 네가 살던 산골은 수백 미터를 찾아다녀도 물 한 방울 얻을 수 없는 곳이다. 나는 특별히 너만을 위해 그곳에 샘물을 만든 것이다. 그리고 석류나무에는 매일같이 석류가 한 알씩 맺혔다. 알다시피, 매일 열매를 맺는 나무는 어디에도 없노라. 이것이 바로 네 행위에 대한 보상이다. 그러면 이제 네가 했던 다른 행동들에 대해서도 평가하겠다. 네가 길을 걸을 때마다 네 발에 밟혀 벌레들이 죽었노라. 너도 네가 짓밟은 만큼 짓밟혀야 한다. 그리고 너는 이런 행위를 했고, 저런 행위를 했으니…"

성인은 이대로 가다가는 상황이 점점 더 나빠질 뿐임을 깨닫고 얼른 이렇게 말했습니다.

"아아, 알겠습니다. 당신이 원하신다면 부디 저를 용서하소서."

스승은 법을 무너뜨리기 위해 오는 것이 아닙니다. 그는 인과의 법칙이 아닌 구원의 은총으로 법을 이행하려는 것입니다. 구루 나낙은 이렇게 말했습니다.

행위가 있다면 결과도 있는 법.
인간은 뿌린 만큼 거두리라.
오직 은총만이 인간을 구제할 수 있나니.

이는 모든 스승들의 가르침이기도 합니다. 물론 그렇다고 해서 악행을 저질러도 된다는 뜻은 아닙니다. 우리는 스승이 정해준 지침에 따라 자신을 제어할 수 있어야 합니다. 그렇다면 여러분은 부모의 말을 듣지 않는 아이에 대해 궁금할 수도 있습니다. 아이가 잘못을 저지르면 아버지는 어떻게 할까요? 아이를 경찰서에 보낼까요? 나는 그렇게 생각하지 않습니다. 어떤 부모도 경찰이 아이를 잡아가도록 놔두지 않습니다. 아이의 엉덩이를 한두 대 때려줄 수는 있어도 경찰서에 보내는 일은 없습니다.

이와 마찬가지로 여러분이 진정한 스승에게 가게 되면 여러분은 그들의 어린아이가 됩니다. 스승은 여러분을 심은 대로 거뒈야 하는 일반적인 법칙에 맡겨두지 않습니다. 이는 스승의 권한입니다. 만일 모든 일이 법칙대로만 진행된다면 우리는 대체 언제까지 이 삶을 되풀이해야 할까요? 씨앗을 뿌리면 나무가 됩니다. 나무에는 많은 씨앗들이 열리고 이 씨앗들은 다시 나무로 자라납니다. 닭이 먼저입니까, 달걀이 먼저입니까? 그 끝은 대체 어디에 있습니까? 그렇기에 이는 은총에 의한 구원의 문제입니다. 여러분은 이를 이해하게 될 것입니다. 신의 사역에 동참하는 협력자가 되지 않는다면 구원도 해탈도 있을 수 없습니다. 여러분은 "뿌린 대로 거두리라."는 법칙에 따라 세세생생을 돌고 도는 수밖에 없기 때문입니다.

질문 우리는 이 물질계에 사는 동안 자신이 짊어진 카르마를 모두 갚아야 합니까? 그러니까 운명 카르마를 이생에서 모두 갚아야 하는 건가요? 현생에서 이미 행한 일들과 지금 하고 있는 일들은 모두 어떻게 됩니까? 죽을 때까지 이 모두를 끝내지 못하면 어떻게 되는 건가요?

스승의 답변 나는 이미 대답했다고 생각합니다. 여러분은 이해하지 못하고 있습니다. 여러분이 신성한 사역의 동반자가 되어 '나'가 사라진다면, 누가 그 씨앗을 거두어들이겠습니까? 모든 스승들은 이렇게 말합니다.

욕망을 버리라.

이미 말했다시피 스승은 여러분의 영혼에 생명의 양식을 전해줌으로써 운명에 대항할 힘을 길러줍니다. 그렇게 함으로써 여러분이 이생에서 치러야 할 과거의 대가를 모두 매듭지으려는 것입니다. 과거 행위의 과보들은 더 이상 여러분에게 해를 입히지 못합니다. 그러나 스승은 운명 카르마에는 손대지 않습니다. 그렇게 하지 않으면 인간은 입문받는 순간 목숨을 잃게 되기 때문입니다. 이 때문에 스승은 운명에는 개입하지 않는 것입니다. 그는 여러분의 미래를 위해 행동 방침을 정해주었습니다. 여러분이 자아를 버리고 깨어 있는 신의 협력자가 된다면 과거에서 비롯된 어떤 대가도 피해갈 수 있습니다. 구루 나낙은 이렇게 말했습니다.

이곳에서조차 과거에 지은 행위들을 갚아야 한다면.
오 스승이여, 당신 발아래 조아리는 것이 무슨 소용 있으리오.

그는 이러한 예를 들었습니다.

만일 자칼의 위협과 포효가 멈추지 않는다면
사자 옆에 앉는 것이 무슨 소용 있으리오.

스승과 함께한다는 것은 엄청난 축복입니다. 그러나 여러분은 이런 의문을 품을 수도 있습니다.

스승이란 어떤 존재인가?

스승은 여러분과 같은 인간입니다. 우리 모두는 똑같은 특권을 부여받았습니다. 차이가 있다면 우리 모두의 가슴에 신이 존재하되, 스승의 가슴에는 바로 지금 신이 현현하고 있다는 사실입니다. 스승은 깨어 있는 신의 사역자입니다. 이 말은 신이 그의 행위자라는 뜻입니다. 그가 말하는 것이 아니라 신이 말하는 것입니다. 그는 신의 피리*입니다. 우리 모두는 신의 피리가 될 수 있습니다. 모든 성인에게는 과거가, 모든 죄인에게는 미래가 있습니다.

신의 피리가 된다는 것은 어떤 것일까요? 이 단계에 도달한 인간은 다른 이들에게도 자신이 지닌 것과 동일한 것을 전해줄 수 있습니다. 스승이 여러분을 입문시키는 순간, 그는 여러분의 영혼을 육체의식 위로 들어 올려 신의 원리인 빛과 소리에 연결시킵니다. 이것이 바로 궁극의 절대자에게로 돌아가는 길입니다. 여러분의 의식이 완전히 깨어나면 행위자는 신임을, 나는 아무것도 아님을 깨닫게 될 것입니다. 그리하여 모든 인과관계가 끝이 나면 화덕에는 다 타버린 몇 개의 씨앗만이 남게 됩니다. 여러분이 이 씨앗을 심는다 해도 싹은 나오지 않습니다. 그들은 자랄 수가 없습니다. 은총의 법칙이란 바로 그런 것입니다.

———

* 신의 피리: '나'의 참다운 실체가 바로 신임을 깨달은 존재를 의미한다. 피리 소리가 연주자의 의지에 따라 울리듯, 신의 의지가 곧 자신의 의지가 된 절대 합일의 상태를 나타낸다. -역주

우주에 존재하는 만물은
정의의 법칙이자 인과의 법칙인
카르마의 산물이라.

－

고타마 붓다

1장

뿌린 대로 거두리라

인생이란 영원불멸한 투명의 광채를 더럽히는

오색의 유리지붕이니.

- 셸리

스스로 속이지 말라.

하느님은 업신여김을 받지 아니하시나니

사람이 무엇을 심든지 그대로 거두리라.

- 갈라디아서 6장 7절

인간은 세상사에 얽힌 복잡다단함에 빠질 때마다 그곳에서 벗어날 수 있는 해결책을 찾아 이리저리 고심한다. 그러나 어느 쪽으로 가보아도 보이지 않는 장애물이 그의 날갯짓을 가로막고 있음을 알게 된다. 왜 세상은 이토록 불공평하게만 보이는가?

왜 인간의 본향인 아버지 신의 집으로 가는 길은 막혀 있는 것인가? 왜 인간은 그 미지의 과거를 되찾지 못하는가? 의구심에 찬 마음은 이러한 의문들에 이끌려 인과응보라는 보편적인 자연의 법칙을 연구하게 된다.

'카르마*'는 다양한 인도 철학 서적과 종교 서적에 자주 등장하는 용어이다. 사실 이 단어는 성직자들과 설교자들이 자주 토론해 온 주제로서, 많은 이들이 카르마를 영적 구원을 가로막는 가상의 걸림돌 정도로 여겨왔다. 서양에서는 이 용어 자체가 이질적이기에 대개는 충분한 설명도 없이 지나쳐버리고 만다. 낮은 단계나 조금 높은 차원에 다다른 스승들은 모두 결과에 대한 욕망과 집착 없는 행위를 통해 해탈에 이를 수 있다고 말해왔다. 그러나 이 말은 불완전한 진리이자 반쪽짜리 지식에 불과하다.

마음은 행위의 결실을 맛보는 데 길들어 있다. 어떻게 마음이 이러한 습성을 포기할 수 있겠는가? 정신적, 육체적 수련Sadhan

---

* 카르마(Karma): 생각과 말을 포함한 모든 행위와 행동, 그리고 그 행위들이 만들어내는 원인과 결과의 고리를 뜻한다. 흔히 업, 과보, 인과응보 등으로 불린다. -역주

으로도 어느 정도는 마음을 단련시킬 수가 있다. 그러나 결국에는 이러한 경험을 즐기던 마음의 습성이 드러나고 만다. 마음은 오로지 더 커다란 즐거움을 얻었을 때에만 세속적인 즐거움을 포기할 수 있기 때문이다

성인들은 나암Naam(신의 말씀 또는 신성한 소리의 원리)에 연결됨으로써 훨씬 더 정묘한 기쁨을, 즉 법열의 지복을 체험해왔다. 한번이라도 이러한 음류Sound-Current, 또는 나암에 몰입한다면, 마음은 이 세상으로부터 등을 돌리고 말리라. 마음은 세상의 사물을 쫓아 여기에서 저기로 이리저리 뛰어다니는 습성이 있다. 우리가 해야 할 일은 천성에 따라 움직이는 마음을 붙잡는 것이 아니라, 이 마음의 방향을 외부세계에서 내면세계로 돌려놓는 일이다. 다시 말해 방황하는 지성을 제어하여, 그 정신적 힘을 영구불변한 결과가 보장되는 올바른 길로 돌려보내라는 뜻이다. 그리고 이것이 가능하려면 규칙적인 수행, 즉 나암에 몰입하는 일이 필요하다. 나암 수행이야말로 마음을 단련시키고 그 정신적 움직임을 순화시켜 궁극적으로 마음의 독을 제거할 수 있는 유일한 방법이다. 이를 통해 영혼은 본연의 모습을 깨닫고 아무런 방해나 제약 없이 자신의 원천, 즉 우주의 근원인 신

에게로 나아가게 된다. 그리고 이 길, 즉 수랏 샤브드 요가Surat Shabd Yoga(신성한 말씀과 신성한 소리에의 몰입)의 길을 직접 걸었던 성인들은 우리를 원인과 결과라는 카르마의 굴레에서 해방시킬 뿐 아니라 우리 내면에 존재하는 신의 왕국으로의 통로를 열어주게 된다.

여기에서 한 가지 의문이 떠오르게 된다. 어떻게 카르마가 청산되거나 그 효력이 상실된다는 것인가? 그러나 이 자연법칙의 미로, 우리가 꼼짝없이 끌려들어 와 있는 이곳에도 출구는 마련되어 있다. 바로 참된 자신과 신에 대한 깨달음을 진실로 추구하는 사람들을 위해서 말이다. 까마득한, 아주 오랜 과거까지 거슬러 올라가는 카르마의 울창한 밀림에서 빠져나올 수 있는 출구, 그 탈출구로 통하는 문은 오직 참스승의 은총으로써만 드러날 수 있다. 스승이 일단 우리를 그의 품에 받아들여 영원의 신성한 말씀Holy Word, 즉 음류에 연결시키면, 우리는 각각의 행위를 심판하는 우주의 정의, 즉 지고한 힘의 부정적 측면인 야마Yama(죽음의 천사)의 영역에서 벗어나게 된다. 알든 모르든 생명체가 행하는 모든 행위들은, 그 행위가 아직 잠재의식이나 생각의 형태, 마음의 파동에 머물러 있든, 아니면 말이나 육체로써 실제로 행해졌든 모두 카르마를 형성하게 된다.

여러분이 '카르마'라는 용어 때문에 혼란을 겪지 않으려면 이 단어의 정확한 배경을 이해하는 것이 좋다. 원래 카르마라는 용어는 경전에 정해져 있는 제사의식이나 종교적 의식, 혹은 희생물을 바치는 제의를 가리키는 말이었다. 하지만 훗날 이 말은 온갖 종류의 미덕과 사회적, 개인적 정화의 의미까지 띠게 되었으며, 여기에는 정직, 청렴, 금욕, 절제, 비폭력, 보편적 사랑, 무아의 봉사, 그리고 박애와 자비의 모든 행위가 포함된다. 즉 마음을 수양하고 정신력을 올바른 방향으로 전환시키는 영혼의 자질Atman-Guna 향상이 크게 강조되었는데, 이는 영혼을 속박에서 해방시키려는 고차원적 목적을 위한 것이었다.

카르마는 일반적으로 금지된 카르마, 허용된 카르마, 규정된 카르마로 분류된다. 인격을 손상시키고 타락시키는 모든 행위들은 금지된 카르마로 분류되는데, 악습을 탐닉하는 것은 죄이며 죄의 대가는 죽음이기 때문이다. 이러한 카르마는 사악한 행위 Kukarmas, 또는 금지된 행위Vikarmas라고 불린다. 그 다음으로는

37

인간을 향상시켜 고차원적 영역인 천국Swarag, Baikunth, Bahisht에 도달하도록 하는 카르마가 있다. 이것은 선한 욕망Sukama의 카르마, 혹은 향상된 카르마Sukarma로서 자비로운 욕구와 포부를 성취하고자 행하는 것이므로 허용된 카르마라 부른다. 마지막으로는 각자가 속한 다양한 사성四姓, Varns, 즉 사회적 계급에 따라 경전에서 정해놓은 의무적인 카르마가 있다. (성직자 계급인 브라만은 경전의 가르침을 연구하는 데 종사해야 하고, 무사 혈통을 이어받은 크샤트리아는 방위를 위한 전투 부대를 결성해야 하며, 평민계급인 바이샤는 상업이나 농업에 종사해야 하고, 하층계급인 수드라는 앞서의 세 계급을 섬겨야 한다.) 또한 인생에는 아쉬람Ashram이라 불리는 각각의 단계가 존재한다. (이는 교육Brahmcharya과 가장家長,Grehastha, 고행과 은둔Vanprastha, 영적 순례Sanyas의 네 단계로 나뉜다. 다시 말해 여기에는 교육을 받는 시기, 결혼하여 가정을 이루는 시기, 속세에서 벗어나 홀로 깊은 명상에 잠기는 고행의 시기, 마지막으로 오랜 인생 경험에서 얻은 결실을 사람들에게 나누어주는 영적순례의 시기가 해당되는데, 인간의 수명을 백 년으로 보았을 때 각 기간은 25년 정도로 나눌 수 있다.) 이것은 인간이 생업을 유지하고 인생을 살아가는 동안 '의무적으로' 따라야 하는 카르마로서 권장 카르마Netya Karma, 또는 실천적 카르마라 불린다.

카르마의 법칙은 도덕적 행동양식으로서 인간이 지상에서 물질적이고 윤리적인 안녕을 누리는 데 유익한 기여를 하고 있으며 미래에 더 나은 삶을 살 수 있는 가능성을 열어준다. 인간의 삶에는 네 가지 측면이 있는데, 세속적인 면, 물질이나 경제적인 면, 종교적인 면, 그리고 영적인 면이 그것이다. 이를 다른 용어로 표현하면 다음과 같다.

- 카마Kama – 욕망의 성취
- 아르타Artha – 경제적, 물질적 안락
- 다르마Dharma – 우주를 유지하는 도덕적, 종교적 기반
- 모크샤Moksha – 구원

이 네 가지 측면을 형성하는 핵심이 바로 카르마, 즉 행위이다. 그리고 말할 필요도 없이 개인의 노력을 성사시키는 원동력은 바로 정신적 순결성에 있다. 자신의 카르마가 원하는 결과로 이어지기 위해서는 한결같이, 오로지 목적만을 바라보면서 충

실하게 헌신하는 일이 필요하다.

그 밖에 또 다른 형태의 카르마가 있다. 바로 니쉬-카마Nish-Kama 카르마가 그것인데, 이는 결과에 대한 아무런 집착이나 욕망 없이 행하는 카르마를 일컫는다. 이 카르마는 속박의 원인이 되는 다른 카르마보다 어느 정도 상위의 카르마이기는 하다. 그러나 카르마의 속박에서 조금 자유로워졌다고 해서 카르마의 영향력에서 벗어날 수 있는 것은 아니다. 어쨌든 이 카르마가 구속력을 행사하지 않는다는 사실 자체는 주목할 만한 부분이다. 인간을 속박으로 끌어가는 것은 오직 카마Kama, 즉 욕망이 낳은 카르마이다. 이 때문에 모세는 "욕망을 품지 말라."고 가르쳤으며 붓다와 시크교의 열 번째 스승이었던 고빈드 싱Gobind Singh 역시 무욕의 필요성을 거듭 강조했던 것이다. 그러므로 카르마는 인간이 추구하는 모든 것의 목적이자 수단인 셈이다. 카르마를 짓지 않고서는 카르마를 극복할 수도, 카르마를 초월할 수도 없기 때문이다. 따라서 카르마의 법칙을 뛰어넘으려는 모든 시도는 자신의 그림자를 벗어나려는 것만큼이나 헛된 일에 불과하다. 모든 카르마 중 최상의 카르마는 네-카르마Neh-Karma, 혹은 카르마-레하트Karma-rehat이다. 이것은 신의 힘과 함께하는 깨어 있는 공동 사역자로서 신성한 섭리에 따라 행하는 카르마를 의미한다. 이는 마치 끊임없이 회전하는 삶의 수레바퀴 한가운데의 정지된 축軸처럼 '行하지 않는 行'으로써 존재한다.

부연 설명을 하자면, "카르마"는 "카람Karam"이라는 단어와는 별개의 용어이다. 카르마는 산스크리트어로서 생각과 말을 포함한 모든 행위와 행동을 의미하는 반면, 카람은 페르시아어로 친절과 자비, 동정과 은총을 나타내는 말이다.

이제 카르마의 본질을 살펴보자. 자이나교 사상에 따르면 카르마는 물질, 즉 정신과 육체의 본질이며, 이 두 가지 물질은 서로 원인과 결과로써 연결되어 있다. 이 미묘하고 심령적 형태의 물질은 전 우주에 퍼져 있으며 외부물질과 상호작용함으로써 영혼에 스며든다. 이러한 방식으로 지상의 영혼Jiva은 새처럼 둥지를 만들어 카르마의 껍질Karman-Srira, 혹은 신비체神秘體라 불리는 그 둥지 안에 스스로 갇히게 된다. 결국 과거의 경험에서 비롯된 자아는, 개인적 자아를 탈피하여 본연의 광채로 빛나는 순수한 영혼이 될 때까지 이 카르마의 껍질 속에 묶여 있어야만 하는 것이다. 영혼을 에워싸고 있는 이 카르마의 껍질은 각기 다른 결과를 가져오는 여덟 개의 카르마 원자와 그에 상응하는 여덟 개의 근본형질Prakritis•로 이루어져 있으며 크게 두 가지로 나눌 수 있다.

첫 번째 유형은 올바른 시각을 가로막는 카르마들이다.

- 다르샨 아바르나Darshan-avarna – 올바른 인식이나 보편적인 판단력을 저해하는 카르마
- 자난 아바르나Janan-avarna – 올바른 이해력을 혼탁하게 가리는 카르마
- 베다니야Vedaniya – 영혼이 본래부터 타고난 완전한 기쁨을 가림으로써 즐겁거나 고통스러운 느낌을 일으키는 카르마
- 모하니야Mohaniya – 올바른 믿음, 올바른 신앙, 올바른 행위를

• 근본형질(Prakritis): 자연계의 현상을 만들어내는 25가지 복합적 요소. 물질뿐만 아니라 심성, 지성적 요소를 모두 포함한다. 상키아 학파에서는 이를 3가지 구나(Gunas)의 복합적 생성이라 본다. –역주

저해하는 카르마

이러한 카르마들은 마치 희뿌연 안경알처럼 우리의 시야를 가리고, 우리는 이를 통해 본 세상을 세상의 전부라고 여기게 된다. 그래서 삶은 이러한 시로 묘사되기도 한 것이다.

"인생이란 영원불멸한 투명의 광채를 더럽히는 오색의 유리지붕ˇ 이니."

두 번째 유형은 인간의 현 상태를 결정하는 카르마로서 다음 과 같은 부분을 결정하게 된다.

- 육체적 상태Naman
- 나이와 수명Ayus
- 사회적 위치Gotra

ˇ 영국의 낭만파 시인 셸리(P.B. Shelley)가 존 키츠의 죽음을 애도하며 쓴 "아도나이 스"의 한 구절. -역주

- 영적 기질Antraya

  이러한 카르마들은 다시 나뉘고 또다시 나뉘어 수많은 종류로 세분화된다.

  각각의 영혼들은 저마다 처해 있는 행위의 힘에 따라 싫든 좋든 우주에 퍼져 있는 카르마의 입자들을 끌어당길 수밖에 없다. 이처럼 끊임없이 쏟아지는 카르마를 막으려면, 우리는 자신의 자아를 몸과 마음과 감각의 모든 활동에서 해방시켜 본래의 중심자리에 고정시켜야 한다. 동시에 이미 쌓여 있던 카르마는 금욕tapas, 경전 읽기saudhyaya, 무집착vairagya, 참회prashchit, 명상dhyan 등으로 삭감시킬 수 있다. 붓다 또한 카르마의 법칙을 뛰어넘는 궁극적인 승리를 위해 끊임없이 노력하고 분투하라고 역설했다. 현재는 과거의 산물이듯, 미래는 현재의 의지를 어떻게 끌어가느냐에 달려 있는 것이다. 시간은 끊임없이 이어진 하나의 연속체다. 과거는 어쩔 수 없이 현재로 이어지며 현재 역시 미래로 이어지게 마련이다. 카르마는 선과 악을 초월한 지고의 상태에 도달했을 때 비로소 그 영향력을 잃는다. 따라서 이러한 완전함을 성취하게 되면 모든 번뇌가 막을 내리게 되는데, 해탈한 인간은 무엇을 하든 집착 없이 행하기 때문이다. 끝없이 회전하는 삶의 수레바퀴는 카르마의 힘에서 그 원동력을 얻기에 카르마의 힘이 모두 소진되면 거대한 삶의 수레바퀴도 함께 멈출 수밖에 없다. 이는 인간이 시간의 유한함과 무한함이 마주치는 곳에 이르렀기 때문이다. 즉 외면은 항상 움직이되 그 내면은 여전히 정지해 있는 지점에 도달한 것이다. 카르마는 수많은 삶으로 들어가는 열쇠이다. 그리하여 우리의 의식은 진정으로 깨달은 존재, 즉 붓다(내면의 신성한 빛에 통달한 자)가 될 때까지 이 삶에서 저 삶으로의 여행을 계속하게 된다. 붓다는 우주를 단순한 기계적 구조가 아닌, 생명의 원리로써 진동하는 하나의 몸 Dharma-Kaya이라고 보았다. 그리고 바로 이 생명의 원리가 우주를 유지하는 힘이자 주요한 공급원인 것이다.

간단히 말해, 카르마의 법칙이란 탈출구도 예외도 존재하지 않는 완강하고 냉혹한 자연의 법칙이다. "뿌린 대로 거두리라."는 격언은 고대로부터 내려오는 자명한 진리이며 지상의 삶에 보편적으로 적용되는 법칙이기도 하다. 뿐만 아니라 좀 더 상위에 존재하는 물질적이고 영적인 몇몇 차원들도 저마다 지닌 밀도와 특성에 따라 이 법칙의 영향을 받게 된다. 카르마는 천신과 인간 모두를 압도하는 최고의 법칙이라 할 수 있는데, 그 이유는 천신들도 언젠가는 카르마의 통제를 받을 수밖에 없기 때문이다. 자연계의 여러 영역에 존재하는 수많은 천신과 여신들은 저마다 자신이 속한 천상계에서 인간보다 훨씬 긴 시간을 살고 있지만, 윤회의 고리에서 완전히 벗어나기를 열망한다면 결국에는 그들도 인간의 몸을 받아 다시 태어나야만 한다.

모든 행위와 행동은, 전 우주가 신성한 뜻Divine-plan에 따라 완벽한 질서로써 유지되는 데 절대적인 기반이 된다. 단 한순간조차도, 정신적이든 육체적이든 어떤 활동을 하지 않고는 살아갈 수가 없다. 인간은 늘 무언가를 생각하거나 행하고 있다. 천성적으로 인간은 머리를 텅 비워두거나 한가하게 내버려두지도 못할 뿐더러 저절로 반응하는 감각작용을 멈추지도 못한다. 눈은 보지 않을 수 없고 귀는 듣지 않을 수 없다. 더군다나 우리에게 있어 최악의 사실은 일단 한 번 행한 일은 페넬로페*처럼 되돌릴 수도 없다는 점이다. 참회 그 자체는 훌륭한 일이지만 과거를 구제하지는 못한다. 인간이 생각하고 말하고 행동하는 모든 것들은 좋은 일이든 나쁜 일이든 마음에 깊은 인상을 남기게 되고, 이처럼 축적된 인상들은 한 사람의 운명을 좌우하게 된다.

우리는 생각하는 그대로 된다. 말이란 마음에 쌓여 있던 것이 밖으로 표출된 것이다. 즉, 인과응보라는 자연의 법칙으로 인해 모든 행위에는 결과가 따르기 마련이다. 따라서 인간은 싫든 좋든, 쓰든 달든, 자기 행위의 결과를 받아들일 수밖에 없다.

그렇다면 여기에는 어떤 해결책도 없는 것일까? 인간은 그저 정해진 대로 흘러가는 숙명과 운명의 노리개에 불과한가? 운명에는 두 가지 측면이 있다. 인간은 자유의지를 지녔으며 이를 통해 어느 정도는 자신의 행로를 선택하고 통제하여 미래 운명의 성패를 좌우할 수 있다. 따라서 지금 이 순간을 얼마든지 자신에게 이로운 방향으로 만들어낼 수 있다. 만일 인간이 신의 숨결인 살아 있는 영혼으로 무장한다면, 그는 카르마보다 강하다. 우리 안의 무한성God이 카르마의 유한성을 초월하기 때문

• 페넬로페(Penelope): 호메로스의 서사시 오디세이아에 등장하는 영웅 오디세우스의 아내이다. 남편이 트로이 전쟁에 참전하여 돌아오지 않자 남편의 자리를 노린 많은 남자들이 페넬로페에게 구혼한다. 그녀는 시아버지 라에르테스의 수의가 완성되면 구혼을 받아들이겠노라 약속하고는 낮에는 수의를 짜고 밤에는 풀어버리는 일을 반복한다. 이런 식으로 약속 날짜를 매일같이 원점으로 되돌려 놓았던 것이다. -역주

이다. 그렇기에 행동의 자유와 카르마의 속박은 우리가 처한 현실의 두 가지 측면이다. 우리가 본연의 신성God-head안에 확고히 자리한다면 우리의 실재인 살아 있는 영혼은 모든 것을 초월하여 카르마의 짐을 전혀 짊어지지 않고, 오직 물리적이고 물질적인 부분만이 카르마의 제약을 받게 된다. 그렇다면 어떻게 해야 우리는 진정한 자신saroop, 즉 영혼Atman으로서 살아갈 수 있는가? 진정으로 이 끝없는 카르마의 덫에서 벗어나고자 한다면 반드시 이 점을 짚고 넘어가야 한다.

대다수의 사람들이 지닌 문제는 바로 생각 없이 행동한다는데 있다. 매 순간마다 아무 생각 없이 카르마의 입자들을 끌어모으면서도 거기에 자신이 하는 생각과 말, 행동을 하나하나 계산하는 어떤 힘이 존재한다는 사실은 짐작조차 하지 못한다. 저명한 사상가인 토마스 칼라일은 이렇게 말한다.

어리석은 자여,
그대의 허튼소리를 받아 적을 보스웰*이 없다 하여
그 말이 죽어 묻히리라 생각하는가?
죽는 것은 없으며 죽을 수도 없다네.

그대가 뱉어낸 가장 작은 빈말조차

시간 속에 씨앗을 뿌리고 영원토록 열매를 맺으리.

이와 비슷하게, 그리스 비극의 아버지인 아이스킬로스도 이러한 말을 남겼다.

지옥의 깊은 곳에서

가혹하고 강력한 통제력으로

죽음이 인간을 다스리도다.

그 누가,

그 어떤 힘과 행위가,

죽음의 빈틈없는 눈길을,

그 심장에 새긴 정밀한 기록을 피하리오.

– 에우메니데스[•] 중에서

• 제임스 보스웰(James Boswell): 18세기 영국의 전기 작가. 《사무엘 존슨의 생애》가 유명하다. 충실한 전기 작가를 가리키는 관용어로도 쓰인다. -역주

● 에우메니데스(Eumenides): 복수의 여신을 가리킨다. 아이스킬로스의 3부작 비극인 〈오레스테이아〉 중 마지막 부분으로 아버지의 원수를 갚은 오레스테스가 그 연유로 복수의 여신들에게 쫓기는 내용을 담고 있다. -역주

2장

출구 없는 함정

육신 안에 갇혀 있는 가여운 영혼이여,

그대가 아는 것은 무엇인가?

그대는 너무도 편협하고 비천하여

그대 자신조차 이해하지 못하는구나.

– 존 던

성인들은 카르마를 다음의 세 가지 범주로 나눈다.

- 저장 카르마Sanchit – 알 수 없는 오랜 과거의 전생에서부터 쌓이고 축적되어 온 카르마.
- 운명 카르마Pralabdha – 운명, 혹은 숙명을 가리킨다. 저장 카르마의 일부로서 인간의 현재 삶을 형성하는 카르마이다. 인간이 아무리 애쓴다 해도 결코 피할 수 없는 카르마에 속한다.
- 씨앗 카르마Kriyaman – 인간이 현생에서 자유의지로 만들어가는 카르마이며 이로써 미래의 운명이 결정된다.

저장 카르마

최초의 전생에서부터 벌어들여 신용잔고에 축적해놓은 선행과 악행들. 생명이 지상에 처음 출현한 날부터 차례대로 계산되어 있다. 인간은 카르마나 카르마의 범위, 또는 카르마가 지닌 엄청난 잠재력에 대해 아무것도 모르고 있다. 기원전 서사시대의 인물이었던 다리트라슈트라 왕은 크샤트리아 계급인 쿠르바가의 선조였다. 그는 맹인이었는데 크리슈나 신에게서 요가의 힘을 전수받은 후, 자신이 맹인이 된 원인이 백 번의 환생도 더 거슬러 올라가는 아주 오래된 과거에 있음을 알게 되었다. 출애굽기 20장 5절에는 모세가 십계명을 받을 당시에 신이 명했던 내용이 적혀 있다.

"…나 네 하느님 여호와는 질투하는 하느님인즉… 죄를 갚되 아버지로부터 아들에게로 삼사 대까지 이르게 하거니와…"

현대 의학에서도 조상이 앓았던 특정한 질병들이 후대에까지 유전된다는 의미심장한 사실을 입증하고 있다. 이와 마찬가지로 현대 심리학은 특정 개인들의 문제 행동을 그 부모나 선조들의 정신적 특성과 관련짓고 있다.

운명 카르마

저장 카르마의 한 부분이다. 현재 지상에서의 삶을 결정짓는 카르마로서 한 인간의 운명과 숙명, 또는 행운을 구성한다. 물론 인간은 이를 전혀 제어할 수 없다. 따라서 그 결과가 좋든 나쁘든, 때로는 미소로 때로는 눈물로 최대한 견뎌가는 수밖에 없다. 현재의 삶은 자신이 이 세상에 싣고 온 짐을 남김없이 펼쳐 내야 하는 장소라 할 수 있다. 그러나 인간은 스승으로 온 영혼 Master-Soul의 가르침에 따라 내면의 자아를 갈고 닦음으로써 운명의 쓰라림과 아픔을 느끼지 않을 수 있는데, 이는 마치 잘 익은 아몬드나 호두의 알맹이가 갑옷처럼 단단한 껍질의 보호를 받아 바늘로 찔러도 아무런 통증을 못 느끼는 것과 같은 이치다.

이러한 카르마의 방식에 따라, 우리 모두는 자발적이든 마지 못해서든, 의식적으로든 무의식적으로든, 자신의 사슬을 스스로 만들어가고 있다. 금으로 만든 사슬이든 철로 만든 사슬이든 모두 속박의 족쇄임에는 틀림이 없다. 사슬은 사슬일 뿐, 인간을 끊임없이 얽매는 사슬 본래의 기능에는 아무런 차이도 없다. 마치 고치 안에 갇힌 누에처럼, 거미줄에 걸린 거미처럼, 둥지 속의 새처럼, 인간은 자신이 만든 강철 테두리 안에 갇힌 채 영원히 그곳을 빠져나오지 못한다. 그리하여 탄생과 죽음, 그리고 환생의 순환은 끊임없이 이어지는 것이다. 오로지 육체의식을 초월하여 행하지 않는 행함Neh-Karma에 이르렀을 때, 즉 삶의 수레바퀴 중심의 정지된 축처럼 행위 없는 행위에 도달했을 때에야 비로소 거대한 카르마의 바퀴는 멈춰 서게 된다. 그때서야 인간은 신의 뜻에 동참하는 의식적 협력자로 거듭난다. 그래서 왕자였음에도 고행을 택했던 붓다는 이렇게 역설했던 것이다.

욕망을 버리라.

욕망은 고통의 근원이라 할 수 있다. 욕망은 잠재의식의 미세한 파동에서 일어나 의식적 상념으로 이어지고 이는 행동을 일으키는 동기로 작용한다. 이처럼 불안정한 마음이 불러일으킨 각양각색의 다채로운 행위들로 인해, 우리는 무한하고 광대한 수확물을 거둬들이게 된 것이다. 영혼을 태운 육체라는 마차는, 감각이라 불리는 다섯 필의 힘센 말이 이끄는 대로 감각적 즐거움의 광야를 향해 정신없이 달려가고 있다. 그럼에도 힘에 취하여 인사불성이 된 마음이라는 마부는 지성이라는 고삐마저 느슨하게 쥔 채 아무런 제어도 하지 못하고 있다. 그러므로 무엇보다도 중요한 것은 '자기수양'이며 생각, 말, 행동의 순결은 인간이 참나와 신을 깨닫는 길로 나아가는 데 없어서는 안 될 필수적인 요건이다. 도덕적 삶이야말로 우리가 영성에 이르는 발판이기 때문이다.

씨앗 카르마

씨앗 카르마는 인간이 자신의 의지에 따라 현생에서 짓고 있는 모든 행위의 당좌예금이라 할 수 있다. 이 유형에 속하는 카르마는 앞서 언급한 두 가지 카르마와는 전혀 다르다. 인간은 변치 않는 운명Pralabdh의 한계에도 불구하고 자신이 원하는 대로 씨를 뿌릴 수 있는 자유의지를 쥐고 있으며 인간 본연의 분별력으로 무엇이 옳고 그른지를 스스로 판별할 수도 있다. 따라서 가시나무와 엉겅퀴를 심고서 장미 화원을 기대한다면 이는 헛된 꿈에 지나지 않는다. 미래의 성패는 자신이 어떻게 하느냐에 달려 있다.

스승으로 온 영혼은Master-Soul 삶의 진정한 가치를 일러줌으로써 우리를 올바른 방향으로 인도한다. 삶은, 육체적 외피와 관련된 모든 것, 즉 감각에 지배당하는 생활 그 이상의 것이다. 우리는 스승의 인도 하에서 세상과 세상일에 대한 집착에서 쉽게 멀어지게 되며, 일단 이 환영의 주술이 풀려버리면 우리 눈을 가렸던 덮개는 벗겨지고 눈앞에는 있는 그대로의 황량한 현실이 곧바로 펼쳐진다. 그리고 우리에게는 이곳을 상처 입지 않고 빠져나갈 수 있는 기회가 주어진다.

일반적으로 이 씨앗 카르마의 일부는 현생에서 열매를 거두기도 하지만 열매를 거두지 못한 나머지는 저장 카르마의 계좌로 이체되어 세세생생 계속 쌓여가게 된다. 우리 모두에게는 미리 생각할 수 있는 시간이 주어져 있으므로 돌이킬 수 없는 걸음을 내딛기 전에 자신이 하려는 행위와 행동의 결과를 충분히 생각해보고 따져보아야 한다. 영원히 후회만 남을 무모하고 충동적인 행위들은 제아무리 나쁜 운수를 탓한다 한들 되돌려 놓을 수가 없는 법이다. 일례로, 철도 기술자가 철도를 설치하려면 그는 먼저 계획을 세워야만 한다. 일단 철로가 깔리면 열차는 무조건 그 위를 달려가야 하기 때문이다. 철로의 이음새가 느슨하다거나 각도가 잘못되었다거나 하는 식으로 약간의 오차라도 발생하면 이는 곧 엄청난 재앙으로 이어질 수 있다. 따라서 우리는 모든 일이 순조롭게 이루어지고 있는 순간에도, 선로에 이음새는 어긋나지 않았는지, 뭔가 다른 잘못은 일어나지 않았는지를 밤이고 낮이고 끊임없이 철저하게 살펴야만 한다. 자연법칙에 따라 생명을 평가한다면, 인간(육체를 입은 영혼)은 세 겹의 껍질에 둘러싸인 귀중한 보석이라 할 수 있다. 이 세 겹의 껍질이 바로 육체, 아스트랄체(정신체), 원인체(인과체)인데, 이들은 다소간의 물질적 속성을 띠고 있으며 각기 다른 등급의 밀도로 이루어져 있다.

하늘에 속한 형체도 있고 땅에 속한 형체도 있으나

하늘에 속한 것의 영광이 따로 있고 땅에 속한 것의 영광이 따로
있으니

- 고린도전서 15장 40절

이는 외투 속에 조끼를, 또 조끼 안엔 셔츠를 입은 것과도 같
다. 인간이 물리적 육신을 벗어버린다 해도, 그의 영혼은 아직
아스트랄체, 즉 정신체精神體를 입고 있다. 또한 이 아스트랄체의
옷 속에도 원인체原因體, 즉 에테르적 인과체의 얇은 베일을 받쳐
입고 있다. 따라서 인간이 육체를 벗어버리기 전까지는 내면의
첫 번째 천국인 아스트랄계의 영역에 도달할 수 없다.

형제들아, 내가 이것을 말하노니
혈과 육은 하느님 나라를 이어받을 수 없고
또한 썩는 것은 썩지 아니하는 것을 유업으로 받지 못하느니라.

- 고린도전서 15장 50절

이 썩을 것이 썩지 아니함을 입고
이 죽을 것이 죽지 아니함을 입을 때에는

바로 그 기록된 말씀이 이루어지리니,

이제 너희는 사망을 삼키고 승리했노라.

사망아 너의 승리가 어디 있느냐.

사망아 네가 쏘는 것이 어디 있느냐.

- 고린도전서 15장 53-55절

이처럼 외피를 벗어던지는 변화는 흔히 죽음이라 부르는 해체의 과정, 즉 마지막 소멸의 순간에 발생하는 일이지만, 육체의 감각적 흐름을 임의로 거두어들이는 방법을 통해 이루어지기도 한다. 이를 기술적인 측면에서 표현하면, 감각의 전환●과 자기분석의 과정을 통한 "육체의식의 초월"이라고 할 수 있다. 성서에서는 이러한 의식의 철수撤收를 "재생", 또는 "부활"이라고 언급하고 있으며 힌두교 경전에서는 이를 도-잔마do-janma, 즉 "두 번째 탄생"이라고 부른다. 이것이 바로 육체의 탄생과는 전혀 다

● 감각의 전환: 인간의 오감은 항상 외부를 향하고 있다. 보는 것, 듣는 것 등등의 감각적 활동은 인간의 의식을 실체가 아닌 외부의 환영에 머물게 하는데, 감각의 전환이란 이처럼 외부로 향하는 감각의 활동방향을 내면으로 돌려놓는 것을 의미한다. - 역주

른 영혼의 탄생이다. 전자가 '썩는 씨앗'이라면 후자는 '썩지 않는 씨앗', 즉 영구불변한 영혼의 존재를 나타낸다. 이슬람의 신비주의자들은 이 삶 속의 죽음을 가리켜 "죽음 이전의 죽음"이라 부른다. 인간은, 스승으로 온 존재의 자비로운 도움을 받아 육체뿐만 아니라 아스트랄체와 원인체로부터도 의식을 철수하는 방법을 배우게 된다. 스승으로 온 성인은 그 자신이 인과의 경계를 넘어서 있는, 타인을 자신처럼 이끌어 줄 수 있는 존재이기 때문이다. 그러므로 이 세상(지구)에서 끝없이 반복되는 삶의 수레바퀴에서 벗어나기를 열망한다면, 우리는 반드시 '영혼을 위해 육신을 버려야'한다.

지바jiva(몸을 입은 영혼)는 자연의 법칙에 따라 육신이 죽은 후 일정한 기간이 지나면 다시 물질의 형상을 입고 이 물질 세상으로 되돌아올 수밖에 없다. 이때 그가 받게 되는 몸의 속성은 자신이 일생동안 지녀온 성향과 기호, 갈망의 정도, 애타게 염원했으나 이루지 못한 채 가슴에 각인된 욕망, 죽음의 순간을 가장 강하게 지배한 것, 그리고 자신의 인생을 불가항력으로 조정했던 막강한 영향력에 따라 결정된다.

아버지 신은 참으로 친절하고 관대하시니,

자녀들이 원하는 것을 이루어주시도다.

그러나 만일 우리가 완전한 스승Sant-Satguru의 안내를 받아 자아분석, 즉 자의적으로 육체에서 자아를 거둬들이는 과정을 습득하여 이를 규칙적으로 수행하고 발전시켜 나간다면, 우리는 살아 있는 동안 '살아 있되 죽어 있는' 초월성을 체험하게 된다. 그리하여 긴긴 세월 우리의 눈을 덮고 있던 환영의 비늘은 서서히 떨어져나가고 이 세상과 세상의 모든 것이 그 마력의 최면성을 상실함으로써 우리는 사물의 참된 모습을 통찰하고 그 본질적인 가치를 깨달아 점차 욕망이 사라지고 자유로워진다. 그때서야 우리는 내 자신의 주인, 즉 해방된 영혼Jivan-Mukat이 되어 자신에게 주어진 짧은 생애를 완수하기 위해 집착 없는 삶을 누리게 된다. 이것이 바로 영혼의 부활이자 새로운 탄생이며 영원한 삶이다. 그러나 어떻게 여기에 도달할 것인가? 그리스도는 우리에게 이렇게 말한다.

또 자기 십자가를 지고 나를 따르지 않는 자도

내게 합당하지 아니하니라.

자기 목숨을 얻는 자는 잃을 것이요,

나를 위하여 자기 목숨을 잃는 자는 얻으리라.

- 마태복음 10장 38-39절

누가복음에는 이렇게 나와 있다.

또 무리에게 이르시되 아무든지 나를 따라오려거든

자기를 부인하고 날마다 제 십자가를 지고 나를 따를 것이니라.

- 누가복음 9장 23절

누구든지 자기 십자가를 지고 나를 따르지 않는 자도

능히 내 제자가 되지 못하리라.

- 누가복음 14장 27절

여기에서 우리는 그리스도 안에서의 '죽음'이 곧 그리스도와 함께하는 '영생'의 길임을 알 수 있다. 죽는 법을 배우라, 그리하면 살리니. 이것이야말로 모든 성인들이 전하는 말씀의 시작이다. 이슬람교에서는 이를 파나−피−쉬크fana-fi-sheikh, 즉 "스승 안에서 나는 사라지고 없다."라고 표현한다. 따라서 인간에게 있어 무엇보다도 중요한 일은 적격한 스승을 찾는 일이다. 끝없이 이어지는 카르마의 고리를 단번에 끊을 수 있는 존재를 찾아 그의 신성한 발아래 귀의함으로써 자신을 따라다니는 과거 행위의 파괴적인 영향력에서 벗어나야만 한다. 영적 스승Jagat-Guru의 힘은 이렇게 전해온다.

영적 스승은 그의 눈길과 말씀으로 카르마를 절멸할 수 있노라.
스승 앞에서, 카르마는 마치 바람에 날리는 가을 낙엽과도 같으니.

또한 경전은 이렇게 말하고 있다.

복수의 천사는 참으로 엄청난 힘을 지녔으니
누구도 그들의 보복을 피할 수 없네.
그러나 폭풍처럼 울려 퍼지는 말씀Word 앞에
그는 죽음의 공포를 느끼며 날아가 버리도다.

이제 카르마의 법칙을 보다 명확히 이해하도록 한 가지 예를 들어보겠다.

여기에 노란색과 갈색의 포도 씨가 있다. 노란 씨앗은 선행을, 갈색 씨앗은 악행을 나타낸다고 가정해보자. 그리고 지금 방 안에는 이 두 종류의 씨앗이 천장까지 가득 쌓여 있다. 이곳이 바로 저장 카르마가 가득 쌓인 인간의 창고라 할 수 있다.

여기 육체와 마음과 영혼의 결합체인 '가'라는 사람이 있다고 하자. 그는 오랫동안 왕이 되기를 갈망해 온 인물이었는데, 병에 걸리고 나서도 마음에는 늘 왕이 되고 싶다는 갈망을 품고 있었다. 머지않아 그는 육신을 벗게 되었지만 생명의 법칙에 따라 여전히 아스트랄체(정신체)와 원인체(에테르체)를 입고 있었다. 이제 그는 마음의 속성인 아스트랄체와 원인체만을 입은 채 육신을 벗은 영혼으로서 살아가게 된 것이다. 마음은 모든 인상의 저장고이기에 '가'는 왕이 되고자 하는 열망을 여전히 기억하고 있다. 그러나 현재 그는 육신을 벗은 영혼이므로 이는 불가능한 꿈에 불과하다. 즉, 이 물질 세상에서 자신을 왕으로 만들어 줄 몸을 다시 입기 전까지는 결코 왕으로서 살아갈 수가 없는 것이다. 마음의 모든 활동 뒤에는 한 치의 오차도 없이 움직이는 원동력이 있다. '가'는 이 원동력에 이끌려 아직 결과가 드러나지 않은 카르마들 중에서 그의 오랜 갈망을 충족시킬 만한 카르마, 즉 그 욕망에 걸맞은 새로운 환경을 조성해줄 카르마를 선택하기에 이른다.

위에서 언급한 거대한 원동력은 두 가지 측면을 가지고 있다. 바로 긍정적인 면과 부정적인 면이다. 전자는 인간을 고향으로 안내하지만, 후자는 이 세상에서의 삶을 좌우하고 통제한다. 이 힘의 부정적인 측면인 자연은 오직 물질 세상에 존재하는 생명에만 관여한다. 자연이 주로 하는 일은 세상을 유지하는 것으로서, 세상을 사람들로 가득 채우고 그 사람들이 각자가 벌어들인 수확물에 따라 다양한 삶을 살아가도록 하는 것이다. 우리는 이러한 수확물을 흔히 운명이라 부른다. 바로 이 운명이 각자가 누리게 될 지상에서의 삶을 완벽한 정밀성과 빈틈없는 기술로 만들어내는 것이다.

앞서 언급했듯 인간은 일종의 '출구 없는 함정'에 사로잡힌 채 자신이 싸들고 온 것을 이곳에 펼쳐 보일 수밖에 없다. 이것은 드러나지 않았던 과거의 씨앗이 마음의 근원적 형질 속에 잠들어 있다가 삶이라는 화폭 위에 투영되어 각양각색의 무늬와 다채로운 색상으로 서로 다른 방식의 그림을 그려가는 것이라 할 수 있다. 삶은 본래 원초적 순수함과 영원한 광휘에서 나온 것임에도, 인간은 시간이 흐름에 따라 사방에서 자신을 둘러싸고 압박해오는 "오색의 유리지붕"에 정신을 빼앗기기 일쑤다. 자연이라는 부인은 자신이 맡아 기르는 수양 자식들에게 가진 것을 아낌없이 쏟아주고, 인간은 부지불식간에 이러한 풍요를 만끽하면서 과거에 갈망했던 것들에 탐닉하게 된다. 그는 결국 이처럼 휘황찬란한 선물에 현혹되어 이 거대한 후원자, 선물의 증여자가 누군지도 잊은 채 헤어날 수 없는 죽음의 그물에 걸려드는 것이다. 그러나 이처럼 정해진 운명에 따르는 것은 '가'의 삶에서 일부분에 지나지 않는다. 인생에는 간과할 수 없는 또 다른 부분이 있는데 이것이 바로 각자에게 주어진 독자적 의지와 행동의 자유이다. 만일 우리가 삶의 더 높은 가치를 올바로 이해한다면, 그리고 자신에게 주어진 구원의 기회를 최대한 활용한다면, 우리는 바로 지금 여기에서 구원에 이를 수 있다. 역설적으로 말하자면 인간은 과거운명의 창작물인 동시에 미래운명의 창조자이기도 하다. 자신이 초래한 일은 반드시 일어나게 마련이며, 자신이 현재 행하는 일은 다가올 미래를 만들어가기 때문이다. 따라서 지혜로운 삶이란 어떤 선택을 하느냐에 달려 있다.

마음의 힘은 단순한 존재이기에 올바르게만 이용한다면 순종적인 하인처럼 스스로 알아서 훌륭한 보고서를 써나간다. 그러나 마음이 생명의 원천인 영혼을 제압하도록 내버려두면 이것은 마치 위험한 기생식물처럼 자기를 키워준 숙주식물의 생명력과 자양분을 빨아들임으로써 그의 활력을 약화시키고 시들게 한다. 그러므로 인간은 온 힘을 기울여 정당하게 씨를 뿌리고 경작하면서, 알든 모르든 늘 자신을 비춰주는 영원의 광휘 안에서, 주어진 인생극의 역할을 수행하며 이 삶이라는 무대를 살아가야 한다. 신의 의지는 이미 우리 안에 새겨져 있다. 그렇지 않다면 처음부터 존재 자체가 불가능했으리라. 따라서 신의 의지를 깨닫고 신의 의지와 하나가 되어 움직일 때, 우리는 비로소 이 삶의 수레바퀴를 벗어나게 된다. 구루 나낙은 잡지Jap Ji*에서 이렇게 말한다.

• 잡지(Jap Ji): 구루 나낙의 가르침을 담은 시크교 경전으로 총 38개의 운문으로 이루어져 있다. -역주

어떻게 인간이 진리를 깨닫고 거짓의 구름을 뚫고 나올 수 있는가?
여기에 길이 있노라,
오 나낙이여, 신의 의지를 나의 것으로 삼으라.
신의 의지는 이미 내 안에 새겨져 있나니.

이제 우리는 끝없이 거듭되는 출생과 환생이 카르마와 욕망 때문임을 알게 되었다. 그렇다면 어떻게 해야 이 끊임없는 순환을 멈출 수 있을까? 오로지 두 가지 방법만이 이 광대하고 무한한 카르마의 창고를 비워버릴 수 있다. 카르마는 인간과 절대자 사이에 가로놓여진 뚫기 힘든 견고한 벽이자, 시야를 가리는 무지한 마음의 두꺼운 장막이다. 이처럼 불가해하고 걷잡기 힘든 문제를 해결하는 방법에는 두 가지가 있다.

시간이 경과함에 따라 카르마의 창고가 저절로 비워지도록 자연의 섭리에 맡긴다. 물론 여기에는 이것이 가능하다는 전제 조건이 필요하다.

스승으로 온 성인에게서, 지상과 영적 차원에서 동일하게 적용되는 실질적 지식과 생명과학Science of Life의 체험을 습득한다. 그리하여 아직 기회가 남아 있는 지금, 다른 차원으로의 초월을 감행하는 것이다.

첫 번째 과정은 끝없이 길뿐만 아니라 극도로 꼬여 있고 매 단계마다 속임수가 숨어 있으며 위험과 함정으로 가득 차 있다. 누군가 운 좋게 이를 성취한다 해도, 그가 종착지에 도달하려면 수없이 많은 생애를 거쳐야만 한다. 게다가 자연은 결코 자발적으로 인간을 냉혹한 카르마의 법칙에서 해방시키지 않는다. 이는 곧 자연과 자연 집단이 스스로 멸망하는 결과를 초래하기 때문이다.

인간으로 태어났다는 것은 참으로 진귀한 특권이다. 인간이라는 특권은, 생명의 원리Life-Principle가 이 물질차원에서 무수한 창조물의 형상을 거치면서 오랜 진화 과정을 겪은 후에야 비로소 얻게 된 것이다. 이 황금 같은 기회를 한 번 놓치면 지바jiva, 즉 몸을 입은 영혼은 이승에서 평소 두드러졌던 특성, 특히 죽음의 순간에 강하게 품었던 생각에 따라 윤회생사를 계속해야만 한다. 이것은 존재의 법칙이기도 하다. 영혼은 마음이 가는 곳으로 끌려갈 수밖에 없다. 따라서 육신을 입은 평범한 영혼이 순전히 독자적인 힘으로 감각차원을 뛰어넘고 마음의 평정과 몰아의 경지를 유지한다는 것은, 그가 헤라클레스라 한들 불가능에 가까운 일이다. 오직 신인Godman, 즉 스승의 자비로운 힘만이 지바가 신의 간청에 불응함으로써 잃어버린 왕국을 – 영혼의 영토를 – 되찾도록 할 수 있다. 또한 이러한 과정의 매 단계마다에는 알려지지 않은 위험들이, 그것도 개개인의 기질과 매우 흡사한 모습으로 숨어 있다. 온전한 사람이라면 이처럼 외롭고 힘든 길을 걸으려는 생각조차 않으리라. 이 길은 대개 사람을 궁지나 막다른 골목으로 이끌고 갈 뿐이다.

두 번째 과정을 택한 사람은 스승, 즉 이 세상과 상위 차원의 모든 존재들에게 권능을 행사할 수 있는 적격한 스승을 찾게 된다. 적격한 스승이야말로 파산한 영혼이 짊어진 카르마의 부채를 모두 청산할 수 있는 존재이다. 스승이 자신의 품 안에 한 사람을 받아들이는 순간, 그는 미지의 과거에서부터 이어져오던 끝없는 카르마의 작용을 권능의 손길로 거두어버린다. 스승은 인간이 빠져 있는 광적이고 무모한 질주를 멈추라고 요구한다. 그는 너무 멀리 왔으니 이제 더 이상은 가지 말 것을 요구하면서

한 사람 한 사람을 신을 향한 지고의 길로 안내한다.

그는 보통 운명 카르마Pralabdha에는 관여하지 않는다. 인간이 자신에게 주어진 몫의 삶을 완성하고 그 삶의 결실을 거둬들이기 위해서는 되도록 스스로 살아가야 할 필요가 있기 때문이다.

저장 카르마Sanchit의 경우는 이와 반대다. 신성한 뜻의 깨어 있는 협력자인 스승은 인간의 영혼에 나암의 불꽃을 일으킴으로써 모든 저장 카르마를 불살라버린다. 영혼이 나암, 즉 신성한 말씀에 연결되는 순간, 아직 결실을 맺지 않은 씨앗 카르마와 저장 카르마는 한꺼번에 재로 화하고 만다. 마치 작은 불씨로 거대한 건초 더미와 삼림이 순식간에 잿더미가 되어버리듯. 구루 나낙Guru Nanak은 시크교의 아침 기도문인 잡지Japji의 한 구절을 아름답게 읊어준다.

손발과 몸이 먼지로 더러워지면
물이 이를 씻어내리라.
옷에 얼룩이 묻어 더러워졌다면
비누가 이를 닦아내리라.
그러나 사람의 마음이 죄로 물들면

이는 오직 말씀과 벗함으로써 정화되리니.

사람은 그저 말 때문에 성인과 죄인이 되지는 않으나

자신이 지은 행위는 어디라도 따라가나니.

인간은 뿌린 대로 거두기 때문이로다.

오 나낙이여, 사람은 삶과 죽음의 수레바퀴를 따라 오고 가나니,

이는 신의 뜻으로 정해진 것이어라.

이제 우리는 마음이야말로 카르마와 그에 수반된 모든 것들을 끌어당기는 최대의 자석임을 알게 되었다. 마음은 지속적으로 인간을 강력하게 조정하고 있다. 또한 인간의 수랏surat(주의력. 내적 영혼의 표출)을, 인간에게 있어 무엇보다도 소중한 보물이자 가격조차 매길 수 없는 무한한 가치의 이 천성적 자질을 자기 마음대로 이용하고 있다.

스승으로 온 성인들Master-Saint은 신성한 목적과 사명을 받고 이 세상에 온다. 그들이 신에게서 부여받은 임무는 인간을 카르마의 속박에서 해방시키는 일이다. 다행히도 인간이 이처럼 성스러운 인간을 발견하여 그의 뜻에 자신을 내맡긴다면, 그 존재는 이 영혼의 짐을 대신 떠맡아준다. 스승에게 있어 무엇보다도

중요한 일은 죽음의 손아귀로 인간을 움켜쥐고 있는 카르마 촉수의 마법을 풀어버리는 일이다. 스승은 인간이 죄악과 카르마의 위력적인 올가미에서 벗어날 수 있도록, 개개인 모두에게 규칙적이고 고도로 단련된 도덕적 삶을 살아가라고 권유한다. 감각적 대상을 포함한 자연의 모든 하사품들은 정당하고 올바르게 쓰이기 위한 것이지 탐닉과 향락을 위한 것이 아니라고 얘기한다. 우리는 진정한 행복이 마음가짐에서, 내면에서 솟아나오는 것임을 잊고 있다. 우리가 내면에 잠들어 있는 생명의 흐름(신성한 소리)를 일깨울 때, 그리하여 우리의 자아가 모든 사물에 내재된, 보이든 보이지 않든 온 우주를 창조하고 유지하는 유일한 원동력인 생명의 원리Life Principle로써 살아갈 때 진정한 행복도 존재하게 된다. 신인은 과거, 현재, 미래를 강력하게 통제한다. 그리하여 인자한 아버지처럼 아이들을 올바르고 정직한 길로 안내하고, 그들에게 점차 참다운 자성自性과 신성神性을 일깨워줌으로써 마침내 궁극의 목표인 지고의 절대성God-head에 도달하도록 한다. 어린아이들이 아버지가 하는 일을 알지 못하듯이, 초심자들도 때로는 하늘의 아버지가 자신에게 무엇을 하고 있는지 알지 못한다. 신의 길을 따르다보면, 인간은 점차 매

단계마다 스스로 모습을 드러내는 비전秘典의 신비들을 깨달아
가게 된다.

육신 안에 갇혀 있는 가여운 영혼이여, 그대가 아는 것은 무엇인
가?
그대는 너무도 편협하고 비천하여 그대 자신조차 이해하지 못하
는구나.

- 존 던

3장

삶의 길, 죽음의 길

신께서 친히 비천한 인간의 몸을 입었다네.

고통당할 수 있을 만큼 약해지기 위하여.

– 존 던

스승은 이 복잡하고 이해할 수 없는 카르마의 문제들을 어떻게 다루는가? 아래에 이를 간략히 명시하였다.

저장 카르마 Sanchit Karma

태초로부터 이어진 무수한 삶의 카르마가 한 인간의 창고에 잠재적으로 쌓여 있는 것을 의미한다. 카르마를 모두 갚지 않고서는, 그 누구도 앞으로 다가올 수많은 삶에서 벗어날 수가 없다. (모든 빚을 갚으려면 더 이상 새로운 빚을 지지 말아야 하는데, 이는 본질적으로 불가능하다.) 즉 이것은 엄청난 액수의 예금 잔고를 모두 써버린다는 것이 가능하지 않음을 의미한다. 그렇다면 의식과 잠재의식 사이에 놓인 커다란 간격, 더 나아가 무의식과 잠재의식을 분리하고 있는 거대한 심연을 건널 방법은 없는 것일까? 영적인 잘못이든 세속적인 잘못이든, 모든 잘못에는 해결책이 존재한다. 만일 누군가가 씨앗을 철판에 올려놓고 태워버렸다고 해보자. 씨앗의 번식력은 사라져버린다. 이는 씨앗이 싹을 틔우고 열매를 맺는 능력을 잃었다는 뜻이다. 저장 카르마가 처리되는 방식도 이와 똑같다. 저장 카르마가 나암Naam, 즉 말씀Word의 불꽃에 불살라지면 다가올 미래에 아무런 해도 끼칠 수 없기 때문이다. 그런 후에야 인간은 알 수 없는 과거와의 연결에서 벗어나 신의 뜻에 동참하는 깨어 있는 일꾼으로 거듭나는 것이다.

운명 카르마Pralabda Karma

글자 그대로 한 인간의 현재 운명과 숙명을 구성하는 카르마를 뜻한다. 우리는 쓰든지 달든지 이 카르마의 열매를 참고 견뎌내야만 하는데, 이미 뿌린 씨앗은 반드시 거둬들일 수밖에 없기 때문이다. 따라서 인간이 자신의 운명을 온화하게 인내해가도록, 그리하여 현생에서 모든 카르마를 끝낼 수 있도록 스승은 운명에는 거의 관여하지 않는다. 만일 이러한 카르마들이 어떤 방법으로 사라지거나 함부로 변경되면 육신 자체가 사라질 수도 있다. 그러나 제자들은 이러한 격전장에 그저 홀로 남겨지지 않는다. 스승은 제자를 입문시킨 순간부터 그를 스승의 권능으로 보살피며, 따라서 제자는 매 단계마다 상당한 도움을 받게 된다. 그는 점진적인 영적 단련을 통해 자기성찰과 감각을 거둬들이는 법을 배우고 영적으로 강하게 성장하며, 그 결과 예전에는 고통스러웠을 카르마가 아무런 상처도 남기지 않은 채 마치 가벼운 산들바람처럼 지나가버리고 만다. 스승의 권능은 심각한 구제불능의 경우조차 사랑과 자비의 법칙으로 감싸 안으며, 그로 인해 헌신적인 제자들의 모든 문제는 크게 경감되고 완화

된다. 어떤 경우에는 정신적, 육체적 고통의 강도가 늘어나는 대신 그 기간이 줄어들기도 하고, 또 어떤 경우에는 고통의 강도가 줄어드는 대신 그 기간이 적당히 늘어나기도 한다. 그러나 이것이 운명 카르마가 완화되는 방식의 전부는 아니다. 육체의 고통과 문제, 질병은 감각적 쾌락에서 생겨나며, 육체적 고통은 당연히 육체로써 감수할 수밖에 없다. 말씀의 화신Word-personified이자 자극화된 신Polarized-God•인 스승은 제자들이 어디에 있든지 그들의 모든 것을 알고 있으며, 자비의 법칙에 따라 제자가 진 카르마의 짐을 대신 지기도 한다. 자연의 법칙은 어떤 형태로든 대가를 필요로 하기 때문이다. 그러나 스승이 이러한 일을 적절하다고 여기는 경우는 매우 드물다. 더군다나 자신의 잘못 때문에 신성한 스승이 고통받기를 원하는 제자도 없을 것이다. 그 대신 제자는 스승에게 진실하게 기도하는 법을 배워야 한다. 만일 제자가 그리한다면 상황을 완화시키고 고통을 최소화하는 도움이 어떤 형태로든 반드시 오게 된다. 영혼은 생명의

• 자극화된 신(Polarized God): 자력으로 자석의 힘을 알게 되듯, 보이지 않는 신의 힘이 응집해 드러나는 존재를 뜻한다. –역주

빵을 먹음으로써, 생명의 물을 마심으로써 스스로 강해지는 법이다.

어쨌든 이 세상에는 인간이 통제하지 못하는 일들이 넘쳐난다.

육체와 정신의 안락함과 불쾌함에서 오는 인생의 쾌락과 쓰라림.

부와 풍요로움, 권력. 또는 빈곤과 궁핍, 비참함.

명성과 명망. 또는 악평과 완전한 잊혀짐.

이 모든 것들은 정해진 운명에 따라 오고 가는 일들로 인생에는 늘 이러한 사건들이 따라다닌다. 그럼에도 모든 사람들은 안간힘을 다해 인생의 쓰라림을 피한 채 쾌락만을 쫓으려한다. 인간은 인생 자체가 덧없는 구름과도 같음을, 실체 없는 그림자이자 망상이며 그저 사람을 홀리는 도깨비불에 지나지 않음을 전혀 깨닫지 못한다. 그렇기에 인생은 항상 시간이라는 뜨거운 사막 위의 경솔한 방랑자를 피해 교묘히 날아가 버리고 마는 것이다. 스승으로 온 성인들은 가르침과 수행법을 통해 이 세상과 세상의 모든 것들이 가상현실에 지나지 않음을 확실히 자각시키며, 인간의 내면에 존재하는 영원한 생명의 원천을 명료하게 드러낸다. 그리하여 이 깨달음은 인간의 골수와 기질에까지 철저히 스며들어, 이제 그는 삶 자체를 노래할 수 있을 만큼 완전히 충만해진다.

씨앗 카르마 Kryaman Karma

이것은 지상 차원에 머무르는 동안 우리가 날마다 만들어내는 카르마이다. 모든 제자들은 이 점에 특히 유의해야 한다. 생각과 말과 행동에 있어 정숙하고 순결한 삶을 엄격히 지켜가며 사악한 일은 일체 삼가도록 하라. 이를 지키지 않거나 무시한다면 그로 인해 훗날 문제를 불러들이게 되는데, 죄의 대가는 실제 죽음과 다를 바 없는, 바로 생명원천의 죽음으로 이어지기 때문이다.

여기에 하나의 의문이 일어난다. 어떻게 스승으로 온 성인들이 제각각 독특하고 개별적인 상황에 처한 인간의 카르마를 떠안을 수 있으며, 어떻게 그들을 달갑지 않은 카르마의 영향에서 벗어나게 한다는 말인가. 앞서 언급했듯이 카르마는 육신과 연관되어 있으며 이는 육신으로 견뎌낼 수밖에 없다.

신께서 친히 비천한 인간의 몸을 입었다네.
고통당할 수 있을 만큼 약해지기 위하여.

- 존 던

우리는 역사책을 통해, 인도 무굴제국의 첫 번째 왕이었던 바부르와 그에게 일어났던 한 가지 사건을 알고 있다. 당시 그의 아들 후마윤은 심각한 병에 걸려 있었는데, 주변에서는 이미 그의 회생을 포기한 상태였다. 왕은 아들에 대한 연민으로 신에게 묵묵히 기도를 올리며 아들의 병을 자신이 대신 짊어질 수 있게 해달라고 간청했다. 그러자 신기하게도 그 순간부터 상황은 바뀌었다. 왕자는 점점 회복된 반면, 왕은 시름시름 앓더니 그만 죽어버리고 말았던 것이다. 이것이 바로 인간 차원에서 고통을 대신했던 하나의 예라 할 수 있다.

스승은 자비로운 구세주이다. 무한한 신의 세계에 행위에 대한 저울질은 존재하지 않는다. 신성과 하나 된 스승은 각자의 내면에 구원의 생명줄을 연결시켜 주었으며, 이는 재난 시에 사용할 수 있는 비상용 닻과도 같은 것이다. 배는 인생이라는 거친 바다에서 이리저리 흔들릴 수도 있지만, 부표에 배를 잡아맨다면 아무리 거센 바람과 파도가 몰아친다 해도 안전하게 나아갈 수 있다.

인간은 불가항력에 이끌려 눈가리개를 한 채 세상이라는 무대로 나오게 되는데, 이는 오직 자신도 모르는 운명 카르마의 열매를 거둬들이기 위해서다. 그는 더 높은 단계는 물론, 지금 이 물질 차원의 작용조차도 알지 못한다. 입으로는 신에게 온갖 서약과 굳은 맹세를 바치지만, 내면의 신성한 통로Divine Links, 즉 구원의 생명줄인 신의 빛과 소리에는 조금도 다가가지 못한다. 그는 자신의 진정한 본질조차도 알지 못한 채 감각적 쾌락에 모든 시간을 허비하고 있는 것이다. 결국 그는 자기 자신을 그저 우연히 생겨나 우연히 살아가는, 삶이라는 무대 위의 꼭두각시에 불과한 존재로 만들어버리고 있다.

반면에 성인은 분명한 사명과 목적을 띠고 세상에 온다. 그는 신이 택한 자이고, 신이 보낸 구세주이며, 신의 예언자이다. 스승은 신의 이름으로, 신의 말씀에서 나온 권능으로써 활동한다. 그에게는 신의 의지와 분리된 자기만의 의지가 없다. 그는 신성한 뜻과 함께하는 신의 깨어 있는 일꾼이며 삶의 모든 것에 숨겨진 신의 손길을 보는 존재이다. 시간 속에서 살아가지만 실제는 영원에 속해 있으며, 삶과 죽음의 통치자이지만 고통받는 인류에 대한 사랑과 연민으로 가득 차 있다. 스승의 사명은 신과의 재결합을 진심으로 열망하고 추구하는 인간의 영혼을 신과 연결시키는 데 있다. 그의 활동 영역은 신의 화신Avtaras과는 관련이 없을 뿐만 아니라 전적으로 다르다. 신의 화신은 오직 인간 차원에서만 활동하기 때문이다. 그들의 역할은 세상이 본연의 모습과 질서를 유지하도록 하는 것이다. 신 크리슈나Lord Krishna는 선악의 힘이 균형을 잃었을 때 자신이 세상에 오리라고 명백하게 선언한 바 있다. 그의 목적은 정의를 돕고 죄인을 벌하여 세상의 균형을 되찾는 것이다. 우리는 람 크리트라 만사Ram Chritra Mansa에 나와 있는 라마 신의 사례에서 이와 비슷한 경우를 발견할 수 있다. 그는 죄악이 기승을 부릴 때 스스로 몸을 입고 세상에 환생했다. 화신은 세상의 정의를 회복하기 위한 존재다. 그러나 세상이라는 감옥에서 지상의 영혼들을 끌어내어 영적인 차원으로 데려가지는 못한다. 이러한 활동은 순전히 성인들의 몫이다. 그들은 신의 뜻에 따라 신의 권능으로 활동하는 깨어 있는 신의 협력자이자, 오직 신성만을 경배하도록 가르치는 존재이다. 오직 신성만이 카르마의 영향력을 종식시키기 때문이다. 이슬람의 한 성인은 이렇게 말한다.

마침내 드러났노라,
신인Darveshs의 왕국 안에서
모든 카르마는 무無로 화함이.

그는 또다시 이렇게 말한다.

스승이 카르마를 쫓아내니
그는 마치 사자 앞을 지나는 자칼처럼 날쌔게 달아나는구나.

어느 누구도 자신이 한 행위의 결과에서 벗어날 수 없다. 이는 귀신들과 신령들, 거인들, 마귀들, 천사들, 정령들, 그리고 천신들조차도 예외가 아니다. 스스로 빛을 발하는 이러한 아스트랄체들과 에테르체들은 세 번째 영역인 원인계Brahmand, 즉 첫 번째 영역인 물질계Pind와 두 번째 영역인 아스트랄계Und 위에 존재하는 차원에서 자신들이 행한 행위의 결실을 누리고 있다. 그러나 이 존재들 또한 자신을 붙잡고 있는 카르마의 영향력에서 벗어나기 위해 인간으로 태어나기만을 고대하고 있다. 신인과 연결될 기회를 얻기 위해서는 오직 인간으로 태어나는 수밖에 없기 때문이다. 그리하여 신인은 감춰져 있는 신성의 통로인 음류, 즉 성스러운 말씀을 그들에게 드러내준다.

위대한 신의 안배를 조금이나마 이해하기 위해서는 여러 해에 걸친 끈질긴 명상이 필요한데, 그나마 의구심 많은 구도자는 이 단계에서도 아주 조금밖에는 알아내지 못한다. 신의 안배뿐만 아니라 참다운 영적 스승을 이해한다는 것도 마찬가지로 어려운 일이다. 그럼에도 성인은 세상에 있는 동안 보통 사람처럼 평범하게 행동하면서 항상 스스로를 노예나 일꾼, 또는 신과 그 백성의 하인이라고 부르곤 한다.

스승으로 온 성인은 헌신적인 영혼들의 카르마를 대신 짊어지고 있을 때에도 '지고의 법칙'을 잊어버리거나 간과하는 법이 없다. 스승의 역할은, 허름하게 변장한 왕이 백성들의 어려움을 파악하여 여건을 개선시키고 그들과 자유롭게 어울리면서 때로는 그들의 기쁨과 슬픔도 함께 나누는 것에 비유할 수 있다. 스승은 인간의 육신과 관련된 부분에 있어 특별한 신의 권한을 발휘한다. 간단히 말하자면, 단두대에서의 죽음을 가시바늘에 찔리는 정도로 경감시킬 수가 있다는 뜻이다. 때때로 스승은 평범한 사람들이 겪었더라면 힘겨웠을 고통을 자신의 육신으로 가볍게 치러내기도 한다. 그는 이러한 방식을 통해 모든 육체는 고통받을 수밖에 없음을, 이것이 바로 몸을 입은 모든 피조물에게 적용되는 자연의 법칙임을 인간에게 보여준다.

석가모니 붓다는 "육신의 삶은 비참할 뿐이다."라고 역설했다. 성 까비르 역시 행복한 사람은 단 한 명도 본 적이 없다고 단언한 바 있다. 고통은 언제 어느 때고 모든 인간에게 찾아오기 때문이다. 구루 나낙은, 나암Naam에 은신한 극소수의 사람들을 제외하고는 이 세상이 온통 비통과 슬픔에 빠진 인간들로 가득 차 있음을 펜화로 생생하게 묘사하고 있다. 우리가 신인을 자신들처럼 평범한 존재라고 여기는 것은 이처럼 모두가 고통받고 있다는 사실 때문이다. 스승은 육체적 고통을 겪음으로써 겉으로는 일반인의 모습과 다를 바 없이 행동하지만, 내적으로는 항상 육체와 분리되어 있다. 그는 신성과의 끊임없는 내적 연결을 통해 제자들에게는 참기 힘들었을 고통을 가볍게 치러낸다. 이 길에 입문하여 자기침잠의 과정을 걸어가는 모든 사람들은 눈 뒤의 중심에 집중함으로써 육신에서 감각의 흐름을 거둬들일 수 있다. 이러한 단계에 이르는 데 걸리는 시간은 개개인의 특성에 따라 다를 수 있지만 그 결과는 반드시 나타나며 저마다 실제로 입증해 볼 수 있다. 이 길을 따르는 헌신적인 제자들은 수술대 위에 누운 상태에서조차 응당 받아야 하는 마취시술을 자발적으로 거부하기도 한다. 그들은 몸에서 의식을 거둬들이고는 외과의사의 메스에 아무런 영향도 받지 않는다. 바이 마니 싱이라는 사람은 각 관절을 모두 절단해야 하는 사형을 선고받고도 모든 과정을 웃으며 받아들였다고 한다. 뿐만 아니라, 잔인무도한 집행을 피하려던 사형집행인이 관절 대신 몸의 각 부분을 대충 잘라내려 하자 명령대로 이행하라고 항의하기까지 했다는 것이다.

영혼의 눈으로 사물을 대하는 참스승의 제자들Satsangis은 이러한 경우에 자주 직면한다. 그러나 내적 통로를 지닌 영혼들은 내면의 위대한 본성에 몰입해야 할 뿐, 자신의 능력을 과시하려고 해서는 안 된다. 이러한 규율이 필요한 이유는 이 같은 능력이 자칫 기적으로 비춰질 수도 있기 때문이다. 따라서 이러한 행위는 앞으로도 신중하게 피해야만 한다. 성인은 기적을 선전하지 않으며 그 어떤 제자에게도 이처럼 허영만 남은 공허한 겉치레에 빠져드는 것을 용납하지 않는다.

성인이 아파보이는 경우 대개는 의사의 처방에 따라 약을 복용하기도 하지만, 실제로 그들에게는 이러한 치료가 전혀 필요하지 않다. 그들은 단지 세속의 이치를 따르고 있을 뿐이다. 스승은 사람들이 세상의 질서를 현명하게 따르고 필요할 때는 적절한 치료를 받도록 스스로 모범을 보이는 것이다. 물론 제자들은 동물 성분이 함유되지 않은 약품을 사용해야 한다. 그럼에도 어떤 제자들은 내면의 치유사인 스승Master-healer의 자애로운 힘을 굳게 믿고 있기에 치료수단이라 불리는 것들을 피하고 자연 그대로의 치유력에 몸을 맡기기도 한다. 내면의 자연 치유력이야말로 인체 조직의 중요한 기능이기 때문이다. 따라서 가벼운 질병은 기꺼이 받아들이고 견뎌낼 필요가 있다. 이러한 질병은 보통 부주의한 식생활에서 기인하므로 적절한 위생과 선별

된 음식으로 바로잡을 수가 있다. 의학의 아버지인 히포크라테스는 음식을 약처럼 섭취해야 한다고 강조했다. 뿐만 아니라 카르마의 결과로 일어난 심각한 병일지라도 불평하거나 비통해하지 말고 인내심을 가지고 감수해야 하는데, 바로 그 때가 카르마의 부채가 정산되는 순간이기 때문이다. 이러한 빚은 나중에 갚는 것보다 되도록 빨리 갚는 편이 나은 법이다.

이슬람의 위대한 헌신자이자 신비가인 하즈랏 미안 미르에게는 압둘라라는 제자가 있었다. 어느 날 지병으로 몸져눕게 된 압둘라는 감관의 흐름을 제3의 눈eye-focus에 거둬들임으로써 자신을 내면의 요새 안으로 안전하게 대피시켰다. 이때 그를 찾아온 스승 미안 미르는 압둘라를 육체의식으로 끌어내린 후 그가 갚아야 할 빚을 치르라고 명했다. 언제까지나 이러한 편법으로 자신이 진 빚을 면피할 수는 없기 때문이다.

스승으로 온 성인들은 일반인들과는 달리 육신을 돌보는 데 많은 시간을 들이지 않는다. 그들은 육체라는 물질의 옷을 언젠가는 벗어던질 넝마 정도로 여길 뿐이다. 또한 힘겨운 심신 노동을 필요한 만큼 다 하면서도 휴식이나 안식처를 찾지도 않고 밤새도록 수면을 취하지도 않는다. 이처럼 경이로운 일들은 현대과학에 수수께끼를 안겨주지만, 성인들에게 있어서는 일상적인 습관에 불과하다. 그들은 우리가 전혀 알지 못하는 자연의 보다 높은 법칙에 정통하며 이를 활용할 줄 알기 때문이다.

카르마(행위)는 크게 개인 카르마와 집단 카르마로 분류된다. 집단 카르마는 사회와 국가 등의 전체 집단이 만들어내는 카르마를 뜻하며, 이를 다르마Dharma라 부른다. 각 개인이 자기가 지은 카르마(행위)의 결과를 견뎌내야 하듯, 사회 역시 그 안에서 시행되는 정책들의 결과를 감내해야만 한다. 그리고 이는 사회가 잘못 구상한 다르마의 과실로 인해 무고한 사회 구성원들까지 고통받아야 하는 결과로 이어진다. 오래 전 페르시아의 왕이었던 나디르 샤가 인도를 침략했을 때, 그는 델리의 주민들을 대량 학살하라는 명을 내렸다. 엄청난 충격에 휩싸인 군중들은 국민 전체가 저지른 부정한 행위들이 나디르의 모습을 빌어 나타난 것이라 믿었다. 적극적인 죄든 소극적인 죄든, 자연법칙의 진정한 핵심은 바로 인과응보에 있으며 이는 여러 가지 형태로 우리를 찾아온다. 이들을 퓨리즈furies•라 부르든 에우메니데스라 부르든, 혹은 다른 어떤 이름을 붙이든 그것은 그대들 자유이다.

● 퓨리즈(furies): 그리스 신화에 나오는 세 명의 복수의 여신들을 말한다. 그들은 각
각 알렉토(멈추지 않는 분노), 티시포네(살해의 복수자), 메가이라(질투)라 불리며 에
우메니데스는 이들을 가리키는 또 다른 호칭이기도 하다. –역주

4장

진정한 자유는 어디에

방황하던 지성은 성인과 함께할 때 비로소 멈추며

오직 고요해진 마음만이 신의 광명을 비추노라.

- 구르바니

경전에 라자 프리크샤트에 대한 일화가 있다.

언젠가 라자 프리크샤트는 이러한 이야기를 들은 적이 있었다. 경전학자Pandit가 낭송하는 바가바타Bhagwat•를 듣게 되면 누구라도 해탈한 영혼jivan-mukat이 된다는 이야기였다. 어느 날 그는 궁정승려를 불러 마음을 고양시키는 바가바타의 성구를 낭송하여 자신을 마음과 물질의 구속에서 벗어나게 해달라고

• 바가바타(Bhagwat): 힌두 경전인 18개의 푸라나 중 하나이다. "신에 관한 옛 이야기"라는 뜻의 산스크리트어로서 약 1만 8천 송으로 이루어져 있으며 그 중 크리슈나의 어린 시절에 대한 내용이 유명하다. –역주

요구했다. 그러고는 만일 승려의 낭송이 신성한 가르침의 진리를 입증하지 못한다면 그를 교수형에 처해버리겠다는 엄명을 내렸다. 승려는 우리와 다를 바 없는 평범한 사람이었다. 죽음이 눈앞에 닥치자 그는 몹시 당황했다. 자신이 바가바타를 낭송하더라도 왕을 구원에 이르게 할 수 없음을 너무나 잘 알고 있었기 때문이었다. 집으로 돌아온 그는 낙심하여 몸져누운 채 자신의 절박한 운명을 생각하며 몹시 괴로워했다. 바가바타를 낭송하기로 한 저녁이 되자 승려는 두려움에 빠진 나머지 거의 빈사상태에 이르렀다. 다행히 그에게는 영특한 딸이 하나 있었다. 그는 딸의 간청에 못 이겨 자신이 비참한 곤경에 빠지게 된 사연을 알려주었다. 딸은 아버지를 위로하면서 다음날 자신을 왕 앞에 데려다주면 교수형을 면하게 해주겠다고 자신 있게 말했다. 이튿날 그녀는 아버지를 따라 궁정으로 갔다. 딸이 왕에게 세상의 굴레에서 자유로워지기를 원하느냐고 묻자 왕은 그렇다고 대답했다. 그녀는 왕에게, 자신의 조언에 따라 자기가 하자는 대로 해준다면 그의 간절한 소망이 이루어지도록 도와주겠다고 말했다. 그녀는 튼튼한 밧줄 두 개를 가지고 왕과 아버지를 밀림으로 데려갔다. 그리고 두 그루의 나무에 각자 한 명씩을 단단히 묶어놓았다. 그런 후 그녀는 왕에게 승려를 밧줄에서 자유롭게 풀어달라고 부탁했다. 왕은 자신도 묶여 있기에 그럴 수가 없다고 대답했다. 그 즉시 그녀는 이렇게 말했다. 환영maya에 속박된 인간이 같은 처지에 놓인 사람을 해방시켜 줄 수는 없는 것이라고. 그 자신이 환영에서 벗어난 해탈한 영혼이라면, 그가 낭송하는 바가바타는 분명 마력적인 환영의 껍질을 깨뜨릴 수 있을 것이다. 그렇기에 왕은 자신처럼 족쇄에 묶여 있는 왕실승려에게서 구원을 기대할 수가 없다. 오로지 카르마의 덫에 사로잡히지 않은 존재Neh-Karma만이 타인을 자신과 동화시켜 치명적인 카르마의 악순환에서 구해낼 수 있는 법이다.

이것은 경전의 연구만으로는 구원Moksha에 이르는 데 별 도움이 되지 못한다는 것을 보여주는 일화다. 구원은 순전히 실천의 문제이며, 오직 이 길에 정통한 이의 안내를 따라 실천함으로써만 올바르게 배우고 완성할 수 있는 길이다. 완전한 스승Murshid-i-Kamal이 가장 먼저 하는 일은 끝없는 욕망과 갈망으로 부서진 마음의 조각들을 모아 완전한 하나로 만든 후, 어떤 학문으로도 대신할 수 없는 신의 빛과 영광을 비추도록 철저히 갈고 닦는 것이다.

인간이 경전의 참뜻을 헤아리려면, 경전의 가르침을 내면의 실험실에서 직접 체험한 스승의 설명이 반드시 필요하다. 따라서 지성의 좁은 틀로는 이해하기 힘든 짧은 경구의 심오하고 비전적인 가르침을, 스승은 직접적인 체험으로써 제자들에게 가르치고 안내한다. 이러한 까닭에 "신은 바로 성인(혹은 단련된 영혼) 곁에 있다."라는 말이 있는 것이다. 오직 해방된 영혼만이 다른 이를 자유롭게 할 수 있으며, 그 외에는 어느 누구도 그렇게 할 수 없다. 이와 관련되어 다음과 같은 말이 전해온다.

베다와 푸라나, 그리고 어원학을 공부하는 것은 공허할 뿐이니,
신성한 말씀을 행하지 않는 한, 인간은 영영 칠흑 같은 어둠 속에
남으리라.

실제로 깨달음에 도달한 인간이야말로 경전 이상의 경전이자 완전한 경전 그 자체이다. 경전에 담긴 내용은 고작해야 미묘한 언어로 된 이론에 불과할 뿐, 말로는 이 이론의 본질을 설명할 수 없으며 스승이 주는 것과 동일한 실제적인 체험을 전해주지도 못한다.

현 시대를 살아가는 사람들은 자신이 저지르는 악행의 책임과 원인을 항상 '시대 상황' 탓으로 돌리려 들지만 이러한 불평이야말로 시대를 막론하고 존재했던 최대의 불평에 불과하다. 미래의 시간이 그러하듯, 현재의 시간도 과거의 시간만큼이나 더는 우리 차지가 아니다. 이 세계는 거대한 자기장이며, 우리가 이곳을 빠져나가려고 애쓰면 애쓸수록 더욱 단단하게 그 올가미에 걸려들 뿐이다. 사람들은 이 올가미 안에서 춤을 추면서도 아무도 자신을 보지 않으리라 생각하며, 좀 더 영리한 사람들은 이 올가미의 존재를 감지하면서도 어디로 가야 안전한지는 알지 못하고 있다. 이러한 까닭에 조용히 끊임없이 돌아가는 카르마의 거대한 회전축, 즉 광대한 삶의 수레바퀴는 천천히, 그러나 한 치의 오차도 없이 모두의 행위를 빻아 똑같은 가루로 만들고 있다. 다시 말해 이 자연이라는 제분소는 느리지만 틀림없이 모든 것을 갈아버리는 것이다. 혹자는 이에 대한 느낌을 이렇게 표현하기도 한다. "자연은 인간을 만들어 낸 후에 부숴버리는 것이 분명하다."고.

　그럼에도 사물과 사건, 사고 등이 어디에서 비롯됐는지, 무엇 때문에 생겨났는지 알아보려고 하지 않는다. 모든 일은 시간이 흘러감에 따라 생겨나는 것이라고 그저 무심히 받아들이기 때문이다. 우리는 이를 깊이 파고들어 자신이 보고 경험하는 일들을 발생시킨 인과의 고리를 찾으려 하지 않는다. 다른 것에 의지하지 않고는 살아갈 수 없으면서도 그 모든 것에 대가를 지불해야 한다는 사실은 잊어버리고 만다. 자연의 선물인 공간과 빛, 공기조차도 아무런 대가 없이 무한정 누릴 수 있는 것이 아니다. 그런데도 사람들은 저마다 자신을 신의 무한한 선물을 지키는 유일한 관리인쯤으로 생각하고 있다. 되도록 자유로워지고자 하지만 잘못 깎인 몇 개의 다이아몬드(사람)를 만나면서 '주고받는 법칙'에 걸려드는 것이다. 우리는 힘겨운 고초를 겪은 후에야, 저울이 금과 납을 구분 짓는 도구가 아니라 전적으로 무게에만 관여하는 도구임을 알게 된다. 모든 사람들이 부채로 안개를 날려 보낼 수 없음을 잘 알면서도 여전히 그렇게 하고 있으며, 그로 인해 혼란은 더욱 가중되고 있다. 끝없는 인과의 사슬에 손과 발이 묶인 인간은 다른 이를 사슬에서 풀어줄 수가 없다. 모든 사람이 깊이 잠들어 있는데, 누가 누구를 깨운다는 말인가? 오직 해탈한 존재만이 자신의 선택에 따라 다른 이들을 해방시킬 수 있는 법이다. 적극적인 죄든 소극적인 죄든 자연 법칙의 핵심은 바로 죄이며, 이는 빠르든 늦든 언젠가는 여러 가지 모습으로 그 행위자를 찾아오기 때문이다.

인간은 부당하게도 새를 새장에 가둬두고 개를 목줄에 묶어두고서도, 이 말 못하는 짐승에게 불만을 호소할 법정이 없음을 당연하게 여긴다. 인간은 동물을 자기 마음대로 다뤄도 괜찮다고 생각하는 것이다. 살생을 두려워하지도 않을뿐더러 "뿌린 대로 거두리라."는 보편적 진리에도 아무런 주의를 기울이지 않는다. 법칙을 몰랐다 하여 죄를 용서받을 수는 없다. 모든 죄악은 그 대가를 치를 수밖에 없기 때문이다. 죽이는 자는 죽임을 당하고 칼을 쓰는 자는 칼로 망하는 법이다. 인간은 "눈에는 눈, 이에는 이"라는 법칙에 따라 대가를 치러야 한다. 이것은 모세의 시대에 그랬듯이 오늘날에도 진리이다. 물론 죽음의 계산서가 날아오기 전까지 향연은 즐거우리라. 우리는 자연의 법칙에는 눈감은 채 성직자들이 전파하는 달콤한 위안 속에 안주할 수도 있다. 하지만 이것은 결코 아무런 도움도 되지 못한다. 인간이 저지르는 살생이나 가혹한 착취에는 대단히 무거운 대가가 따른다. 다른 존재들의 피로써 생존하고 번성하는 사람들은 결코 순수한 가슴을 지닐 수 없으며, 이들이 하늘의 왕국에 다가간다는 것은 더더구나 있을 수 없는 일이다.

마음이 순수한 자는 복이 있나니 그들이 신을 볼 것이라.

성인들은 말한다. 피조물 중 가장 높은 위치를 차지한 존재도 인간이요, 가장 높은 지성을 부여받은 존재도 인간이므로 그들의 한정된 인생을 다른 피조물처럼 무지하게 허비해서는 안 된다고. 인간은 신의 품으로, 자신의 진정한 고향으로 되돌아갈 수 있는 황금의 기회를 놓쳐서는 안 된다. 인간으로 태어난다는 것은, 한 영혼이 '세상 전람회'를 완전하게 둘러보고 삶이라는 거대한 무대 위에서 자신이 맡은 역할을 성공적으로 끝마친 후에야 찾아오는 최상의 기회이다. 그럼에도 인간은 이 낮은 세계의 유혹에 빠져 곧잘 길을 잃곤 한다. 그러는 동안 카르마의 영향력에 휩쓸려 무수한 환생을 거쳐 얻게 된, 영원하고 순일한 영적 세계로 돌아갈 유일한 기회를 놓쳐버리고 마는 것이다. 그는 끝없는 윤회의 과정을 돌며 하나의 몸이 소멸되면 또 다른 몸을 받게 된다. 그리고 모든 종류의 법칙들에 점차 압박감을 느끼기 시작한다. 사회적, 신체적, 자연적인 이 모든 법칙들이 매사에 자신을 가로막는 장애물처럼 느껴지는 것이다. 결국 그는 다음 생에 인간으로 태어나기를 기다리는 수밖에 없지만, 언제 다시 인간으로 올 수 있을지 그 누가 알겠는가?

성인들은 죄를 "인간의 근원을 잊는 것"이라고 매우 간단하게 정의한다. 신에게서 인간을 멀어지게 하는 모든 생각, 말, 행위야말로 진정한 죄이며, 이에 반해 인간을 신에게로 데려가는 것은 무엇이든 훌륭하고 신성하다. 페르시아의 한 신학자는 세상의 본질을 다룬 논평에서 이렇게 말했다.

세상은 오직 인간이 신을 잊었을 때 활동을 시작한다.
끊임없이 신을 기억한다면
다양한 인간관계에 둘러싸여 이 세상을 살아가더라도
인간은 더 이상 세상에 속해 있지 않다.

대부분의 죄악은, 그것이 가볍든 무겁든 순전히 마음에게 지배당한 인간의 발명품이다. 성인들은 비교적 가벼운 죄는 '용서

받을 수 있는 나약함' 정도로 여기는데, 그들은 세상에 살아 움직이는 신의 원리, 즉 사랑과 자비의 표상이라 할 수 있다. 인간이 자기 마음대로 행동한다면, 그는 모든 법칙과 그 가혹함에 스스로 사로잡히고 만다. 그러나 자신의 의지를 신인의 뜻에 맡긴다면, 그는 신의 사랑과 자비 안에 머무르게 된다. 이것이 바로 인생에서 날마다 일어나는 죄의 실상이다.

카르마야말로 인간이 항상 노출되어 있는 가장 전염성이 강한 질병이다. 카르마는 가장 치사율이 높은 그 어떤 세균보다도 더욱 빠르게 인체 조직의 가장 깊은 곳까지 파고들어와 기력을 소진시키고 파괴시키며, 가장 은밀한 방법으로 혈관조직에까지 스며들어간다. 카르마가 사회적으로 작용할 때는 이른바 사회 여론가들의 사고방식부터 변화되기 시작한다. 그리하여 이렇게 형성된 여론은 대중의 성향과 기질에 영향을 끼치고 점차 '제2의 천성'인 습관의 형태로 깊이 뿌리내리게 된다. 그래서 예로부터 어른들은 나쁜 친구를 멀리하라고 충고했던 것이다.

좋은 친구는 덕을 퍼뜨리고 나쁜 친구는 악을 퍼뜨린다.

사람은 사귀는 친구를 보면 확실히 알 수 있다.

인간은 결국 인과응보, 즉 카르마의 결과로 생겨난 어려움들을 자기도 모르는 새 나눠가지게 되며, 이는 자신을 낳아주고 길러준 가족들 간에도 예외가 아니다. 이처럼 선행과 악행은 문화를 형성하는 데 필수적인 역할을 한다. 우리는 이런 식으로 주변 환경에서 기인한 카르마와 매 순간순간마다 계약하고 있다. 따라서 인간이 카르마의 영향력에서 벗어나는 유일한 방법은 지고의 신성과 합일된 경건한 성인들을 좇아 신의 길을 충실하게 따르는 길뿐이다. 그들은 카르마의 영역에서 멀리 벗어나 있으며, 사실상 행위의 구속을 벗어난 존재Neh-Karma이자 해탈한 영혼Jivan-Mukat이다. 진정한 신인Darvesh의 왕국에서는 인간이 카르마를 결산할 필요가 없다고 한다. 그러므로 성인sadhu과의 동행은 인간에게 더 나은 길이 분명하다. 그런데도 인간은 성인의 무한한 친절보다는 오히려 죄악에 더 쉽게 물드는 경향이 있다. 성인과의 교류는 모든 죄악의 흔적을 지우는 데 놀랄 만한 힘을 발휘한다. 스승으로 온 성인이 발산하는 광휘의 폭은 인간이 상상할 수 없을 만큼 광대하고 무한하기 때문이다. 성인들이 이곳에 오는 이유는 단지 인간존재만을 위해서가 아니다.

그들은 보이는 세계와 보이지 않는 세계를 포함한 이 세상의 모든 차원, 그곳의 모든 생물과 무생물에게까지 두루 혜택을 전파하기 위해 온 것이다. 인간이라 불리는 가여운 존재에게 진정한 친구란 없다. 인간에게는 세 가지 구나gunas, 즉 순수함Satva, 활동성Rajas, 불활성Tamas의 성질로 이루어진 마음이 있지만, 항상 인간의 공범자로 활동하는 이 마음조차도 마치 온종일 쥐를 노리는 고양이처럼 그렇게 인간을 바라볼 뿐이다. 따라서 마음의 명에 따라 움직이는 사람들은 반드시 그 속임수에 걸려들어 이루 말할 수 없는 고통과 비참한 공포에 사로잡히게 된다. 그러나 마음도 신의 매개인 사트 구루, 즉 신인의 은총을 받은 이들은 두려워한다. 마음은 감히 신이 사랑하는 사람들의 은총과 특혜를 침범하지 못하며 오히려 상사의 명령에 복종하는 조수로서 그들을 돕게 된다. 마치 불이 그러하듯, 마음은 좋은 하인이되 나쁜 주인이기도 하다.

성인sadh과 함께라면 인간에게 후회는 없으리.
그와 함께라면 신을 알고 진실로 따를 것이요,
그와 함께라면 신이 내린 지고의 성전에 도달하리니.

그래서 구루 나낙은 이렇게 역설했다.

오, 나낙이여! 덧없는 세상의 연줄일랑 산산이 끊어내고
참된 존재를 찾아 나서라.

살아 숨쉬는 동안 모두가 그대를 떠난다 해도
참된 존재는 저 너머 그곳까지 함께하리니.

다시 말하나니,
확신하라, 영혼이여.
신의 심판석 앞에 신인이 그대와 함께 서리라.

이슬람의 사상가인 바바 파리드Baba Farid도 비슷한 어조로
이렇게 말하고 있다.

오, 파리드여! 서둘러 해방된 이를 찾으라.
오직 그만이 너희를 (세상의 굴레에서) 자유롭게 하리니.

다시 말하나니,

끊임없이 요동치는 마음은 신인 안에서 안식할 때까지

결코 쉼터를 찾지 못하리.

구르바니Gurubani에는 이렇게 씌어 있다.

방황하던 지성은 성인과 함께할 때 비로소 멈추며

오직 고요해진 마음만이 신의 광명을 비추노라.

　모든 사람은 육체적으로나 정신적으로 보이지 않는 카르마의 굴레에 묶여 있다. 인간이 마음과 물질의 지배를 받는 한, 그리고 성인의 보호를 구하지 않는 한, 그는 여러 차원의 법칙에 모조리 종속될 수밖에 없고, 자비로움으로 경감되지 않은 있는 그대로의 죄 값을 치를 수밖에 없다. 자신의 죄가 아무리 작고 사소하며 이름 없는 것에 불과할지라도 그에 대한 처벌을 면할 수는 없는 법이다. 길고 복잡한 소송절차들은 법률에 종사하는 친구가 단축시켜줄 수도 있겠지만, 신의 심판대 앞에 서는 순간에는 오직 스승만이 진정한 친구로 남을 뿐이다.

　구루 나낙은 잡지Jap ji에서 이렇게 선언했다.

성인만이 신의 법정에 들어설 수 있나니
그중 최고의 자리에 그가 있도다.
성인은 신의 입구를 빛내주나니,
왕들조차 그를 공경하도다.

다시 말하나니,
사트 구루가 내게 통찰력을 선사하시니,
이제 나는 모든 의심이 사라졌음을 아노라.
내가 저지른 바로 그 행위의 기록들이 사라져버리니,
죽음의 천사인들 나를 해치지 못하네.

성인이 인도하는 길은 전혀 다른 방향을 향하고 있다. 입문자
에게 재판소는 존재하지 않는다. 성인은 어디에나 현존하고 있
으며 그의 영향력은 상상할 수 없을 만큼 광대하다. 세상이 끝
나는 날까지 그는 결코 제자 곁을 떠나지 않을 것이다. 이것은
그의 경건한 약속이기도 하다.

만인이여, 내가 그대와 함께 가리라.

그리하여 그대가 필요할 때

그대의 안내자가 되어 항상 그대 곁에 머무르리라.

- 만인(Everyman)[●]

    온화하고 자비로운 아버지가 그러하듯, 신은 아이가 저지른 잘못을 직접 타이를지언정 잘못을 바로잡고자 아이를 경찰서에 보내지는 않는다.

    자신이 자유롭다고 착각하는 사람이야말로 그 누구보다 강한 굴레에 사로잡힌 존재이다. 명문가 태생의 영혼들은 흔히 야망이라는 함정에 빠져든다. 물론 이처럼 유복한 사람들은 세속적인 시각에서 볼 때 안락해 보이는 것이 사실이다. 아마도 그들은 전생에 좋은 씨앗을 뿌렸고 그 결과로 현재 좋은 결실을

● 만인(Everyman): 작자 미상의 15세기 영국 희곡. 죽음의 순간을 맞은 주인공 만인의 이야기다. 만인은 죽을 때 함께할 친구를 찾아 '우정', '의리', '친절', '재물' 등을 찾아가지만 그들은 모두 동행을 거절한다. 오직 선행만이 그의 동반자가 되어주기로 한 후 그를 자신의 누이인 '깨달음'에게 보낸다. 위의 시는 깨달음이 만인에게 보내는 약속이다. -역주

거둬들이는 것일 수도 있다. 그러나 어쩌면 지금 그들은 "잡아채고, 움켜쥐고, 쌓아두라."는 가치관을 따름으로써 미래의 어려움을 자초하고 있는지도 모른다. 안타깝게도 이 모든 부유한 사람들은, 자신이 보이지 않는 황금 족쇄를 차고 있으며 부지불식간에 재난을 향해 다가가고 있음을 망각하고 있다.

흔히 "세도가의 저택과 성벽은 빈민들의 땀과 눈물로 지어졌다."고들 말한다. 전생에 좋은 씨앗을 뿌리지 않고는 현재 삶에서 풍요로운 수확을 거둬들일 수 없다. 그러나 이런 사람의 소매 안쪽에도 자기가 모르는 죄의 짐이 깊이 감춰져 있을 수 있는 법이다. 그가 만일 지금 좋은 씨앗을 뿌리지 않는다면 어떻게 미래에 겉으로나마 좋은 열매를 기대할 것이며, 설사 그렇다한들 그 열매가 얼마나 오래 갈 것인가?

선행으로 악행의 결과를 피해갈 수는 없다. 이는 더러운 물로는 깨끗이 씻을 수도, 씻기지도 않는 것과 같은 이치이다. 어느 기독교 성인은, 우리가 아무리 의롭다한들 더러운 누더기에 지나지 않는다고 말했다. 누구도, 그 어느 누구도 깨끗하지 않다. 인간은 항상 주고받음의 법칙, 즉 인과응보에 묶여 살아가기 때문이다. 선행의 길을 따르는 것이 악행을 따르는 것보다 바람직하고 훌륭한 일임에는 틀림없지만 그것이 전부는 아니다. 인간은 높은 수준의 도덕적 삶을 유지함으로써 낙원에서의 긴 생애를 보장받고 더할 나위 없는 행복을 누리게 될 수도 있다. 하지만, 그는 여전히 아스트랄체와 원인체 안에 갇혀 있으며 생사의 윤회를 벗어나지도 못한다. 자신을 행위자로 여기는 한, 그는 삶의 수레바퀴에서 벗어나지 못한 채 자신이 뿌린 씨앗의 열매를 감수해야 하는 것이다. 인간이 더 높은 영혼의 영역으로 진보하기 위해서는 오직 성령, 즉 신성한 나암Naam, 또는 말씀Word에 연결되는 길밖에 없다. 오직 이 길만이, 끝도 출구도 없는 소용돌이를 오르내리며 영원히 되풀이되는 생사의 그림자를 완전히 벗어나게 할 수 있다.

육신을 벗어난 인간은 지상에서 지은 선행과 악행에 따라 비교적 긴 시간을 지옥과 천국에서 머물게 된다. 그러나 이곳에 아무리 오래 머무른다 해도 그 시간이 영원할 수는 없으며, 이곳에서의 삶이 생사의 수레바퀴에서 벗어나게 하는 것도 아니다.

파라다이스(천국 또는 에덴)는 특정 종교들이 지향하는 이상향El Dorado이며, 많은 사람들이 이를 구원이라 칭하기도 한다. 그러나 실제로는, 선행의 보상으로 받은 천국에서의 시간이 끝나면 영혼은 다시 한번 인간의 몸을 입어야 한다. 오직 인간의 몸을 입어야만 궁극적 해탈에 도달하는 기회를 얻을 수 있기 때문이다. 신을 섬기던 천사들조차도 자신의 임무가 끝났다고 느끼면 인간으로 태어나기를 갈망한다. 그러므로 보편적으로 인정받는 선행의 길을 따르다보면, 결국 인간은 다시 한번 자신이 탐욕스러운 욕망과 야망, 눈앞에서 반짝거릴 뿐 결코 잡히지 않는 반딧불이의 덫에 걸려들었음을 깨닫고 만다. 그는 여전히 자신도 모르게 카르마의 손아귀에 잡혀 있는 포로에 불과하다. 인간은 자신의 목표를 이루고자, 더 나은 삶을 가져다 줄 수 있는 타파스Tapas(다양한 종류의 금욕수행)를 수행하기도 한다. 그리하여 그가 정말 왕국의 통치권을 쥐게 되면, 그는 제멋대로 날뛰는 마음을 따라 거침없는 재량권을 휘두르며 용감무쌍한 업적에 뛰어들게 된다. 그리고 그렇게 저지르는 행위들은 그를 지옥에 보낼 만큼 악한 일이 대부분이다. 그리하여 그는 다시 지옥에 빠지고, 그곳에서 지옥불의 쓰디쓴 교훈을 얻은 후에는 또다시 타파스를 통해 위안을 찾고자 한다. 결국 그들은 지옥에서 참회하고, 참회하여 군주가 되고, 군주가 되어 또다시 지옥으로 돌아가는, 지옥의 마력적인 악순환에 영원히 사로잡혀 있다. 하나가 가면 또 하나가 오는 윤회의 질서에 따라 삶의 수레바퀴를 끊임없이 오르내리는 것이다. 이처럼 모든 사람들은 스스로 자신의 천국과 지옥을 만들어가고 있으며, 자신의 의지로 행동함으로써 스스로 친 거미줄에 얽매인 채 살아간다.

그러나 성인의 길, 즉 양 미간 사이의 중심지점을 따르는 이들에게는 천국과 지옥이 나타나지 않는다. 그들은 카르마 요가 수행자Karma-Yogi의 행로를 멀리 지나쳐버리기 때문이다. 행여 스승의 보호를 받는 영혼이 잠시 길을 잃고 방황한다 해도, 그가 구원을 받는다는 사실에는 변함이 없다. 스승들은 전 인류의 살아 있는 귀감임에도 불구하고 자신이 지닌 위대한 권능에 대해서는 언급하지 않는다. 다만 때때로 이전 스승들에게 있었던 구원의 권능만을 인용할 따름이다. 우리는 경전에서, 어쩌다 길을 잃고 지옥에 빠져 있던 제자를 구출해낸 산트 사트 구루 나낙에 대한 일화를 볼 수 있다. 이 신성한 존재는 잃어버린 한 마리 양을 구하기 위해 지옥으로 내려가 불타오르는 용광로 속에 자신의 엄지손가락을 담가야 했으며, 이로 말미암아 지옥의 용광로는 완전히 식어버렸다고 한다. 그리하여 구원의 손길은 그 한 영혼만이 아닌, 큰 고통에 비참하게 울부짖던 수많은 죄인들에게까지 미치게 된 것이다. 이와 비슷한 사례들은 라자 자낙 Raja Janak과 다른 스승의 시대에도 존재해왔다. 언젠가 나의 스승이셨던 하주르Hazur 또한 지옥에 빠져 있던 제자를 구한 적이 있었다. 평범한 사람이라면 누군가를 지옥에서 구해내는 일이 가능할 수 있을까?

신성한 말씀에 헌신하는 자들이여,
그대들의 노고는 모두 끝이 났노라.

오 나낙이여! 그들의 얼굴은 영광으로 빛나나니
다른 많은 영혼들이 그들과 함께 구원받았노라.

이슬람 성인들이 연옥Eraf이라 부르는 또 다른 영역이 있는데, 그곳에는 온갖 단계의 즐거움과 두려움이 공존하고 있다. 다양한 등급에 속하는 여러 스승들이 이곳에 존재하는 지옥의 갖가지 고통과 두려움을 묘사해왔는데, 인간은 이를 그저 상상으로 만들어낸 구상화로 볼 것이 아니라 진지하게 심사숙고할 문제로 받아들여야 한다. 그러나 인간이 이 사실을 믿든 믿지 않든,

성인의 제자들은 이 문제와 하등의 관련도 없다. 제자가 스승 (산트 사트구루)을 진실로 따르는 한, 어떠한 힘도 그들의 머리카락 하나 건드릴 수 없는 것이다. 산트 사트구루의 참된 제자는 진실로 이렇게 말한다.

나는 성인들과 교류하며 오직 그들과 함께하기만을 원하나니,
성인들이 전하여준 도구로써 나는 모든 환영에서 벗어났다오.
내 행위의 모든 기록들이 불꽃으로 화해버리니,
이제 죽음의 사자조차 내 머리카락 한 올 건드릴 수 없다오.

또다시 그는 이렇게 말한다.

죽음의 사자는 실로 막강하여 그 누구도 제압하지 못하네.
그러나 스승의 음류 앞에 그는 무력하다오.
그 말씀의 소리가 그를 무섭게 치자
그는 서둘러 그곳에서 달아나나니,
만군의 주께서 저를 죽음으로 내몰까 두렵기 때문이로다.

5장

어떻게 살 것인가

내가 살고 있되 이는 내가 아니요,

오직 내 안에 그리스도께서 사시는 것이라.

- 성 바울

오직 자신만을 위해 태어났다고 할 수 있는 사람은 없다. 자신과 분리된 존재는 아무도 없기 때문이다. 가난하고, 병들고, 굶주린 사람들에게 봉사하는 일 역시 이와 같은 맥락으로, 이는 단순한 설교보다 한결 효과적인 일이기도 하다. '이타적인 봉사'는 꺼져가던 자비심과 친절, 그리고 사랑의 불씨를 자극하여 활활 타오르게 한다. 이러한 선행에는 강력한 정화의 힘이 있어 인간의 모든 더러움을 제거하고 그에게 신성의 궁극적 깨달음에 이를 수 있는 자격을 부여한다. "봉사 후에 오는 기쁨은 크다."라는 말은 잘 알려진 격언이다. 아힘사Ahimsa, 즉 비폭력이라는 용어에는 살생과 폭력, 상해를 피하는 것뿐만 아니라 악한 생각과 나쁜 말을 삼가는 것까지도 모두 내포되어 있다. 짐승이나 맹수에게는 해당되지 않겠지만, 인간에게 비폭력은 그저 뛰어난 선행 정도가 아닌 인간의 양심을 고취시키는 가장 훌륭한 선행이라 할 수 있다.

또한 신성한 길을 걷는 신실한 구도자에게 봉사하는 일은 그 어떤 봉사보다도 큰 가치가 있다. 극도로 궁핍한 사람들에게 자선을 베푸는 일, 험준한 곳에서 고된 일을 하는 사람들에게 휴식을 제공하는 일, 병자와 고통받는 사람들을 돌보는 일 등도 자신을 정화하는 데 상당히 유익한 일이다. 이 모든 자질들은 수행의 길을 가는 데 큰 도움이 되므로, 최대한 꾸준히 실천함으로써 이러한 자질을 더욱 크게 키워가야 한다. 그러나 오직 봉사하는 데에만 만족하고 있어서는 안 된다. 이러한 정화과정에는 스승이 명한 해탈의 길이 반드시 함께 추진되어야 한다.

사랑은 세상의 수많은 아픔을 치유하는 만병통치약이다. 사랑은 모든 선행의 한가운데 존재한다. 사랑이 있는 곳에 평화가 있다.

사랑하라, 그리하면 너희에게 모든 것이 더해지리라.

그리스도가 전한 가르침의 핵심이 바로 여기에 있다. 기독교 정신의 모든 체계는 두 가지 원리에 기초하고 있는데, 그 중 하나는 "네 영혼과 네 마음과 네 온 힘을 다해 신을 사랑하라."이고, 다른 하나는 "네 자신을 사랑하듯 네 이웃을 사랑하라."이다. 신은 사랑이고 사랑은 곧 인간의 영혼이며, 영혼은 신에게서 나온 하나의 불꽃이다. 성 요한은 이렇게 말한다.

사랑하지 않는 자, 신을 알지 못하도다.
신은 바로 사랑이기 때문이라.

신을 사랑하는 자는 자신의 형제들도 사랑한다. 구루 고빈드 싱Guru Gobind Singh도 사랑의 필요성을 이같이 역설한 바 있다.

진실로 그대에게 이르나니
신은 오직 사랑하는 이들 앞에 그 모습을 드러내리.

이슬람의 한 성인은 이렇게 말한다.

사랑을 위해 인간은 태어났네.
신을 찬양할 존재, 이미 천사들만으로도 충분하나니.

결국 이러한 선행들은 진실하고 고결한 삶으로 이어진다.무엇보다도 인간은 자신에게 진실해야 한다. 우리의 문제는 대개 마음과 말, 그리고 행동이 일치하지 않는 데서 일어난다. 마음속으로는 이 생각을 하면서 입으로는 저 말을 하고, 손으로는 또 다른 일을 하고 있는 것이다.

자신에게 진실해라.
그리하면 마치 밤이 낮을 따르듯, 그대는 누구에게도 거짓될 수 없으니.

– 셰익스피어●

● 셰익스피어의 "햄릿" 1막 3장에 나오는 폴로니어스의 대사 -역주

우리는 육신 안에 존재하며 우리의 근원적 힘인 신 또한 육신 안에 존재한다. 스스로에게 진실하다면 아무것도 두려울 것이 없다. 우리는 다른 이를 속이기 전에 먼저 자신부터 속여야 하기 때문이다. 어떤 사람이 스와미 람 티라스Swami Ram Tirath에게 세속에서 통용되는 속임수를 가르쳐주려 하자 그는 이렇게 말했다.

라마Rama(신)는 라마를 속일 수 없도다.

진실함은 모든 덕목 가운데 가장 위대하며, 진실한 삶은 그보다 한층 더 위대하다. 따라서 우리는 성령의 사원 안에서 순수하고 정결한 삶을 살아가도록 노력해야 하며, 이 성전을 거짓과 정욕으로 더럽혀 악마의 환전소로 변질시켜서는 안 된다.

흔히 평안은 부유함에서 나온다고 믿지만, 이는 도깨비불처럼 바보들을 속이고 부자들을 위험에 빠뜨리는 생각이다. 이러한 믿음은 마음의 고삐를 풀어버린다. 그리고 일단 한번 고삐가 풀려버린 마음은 무시무시한 결과가 뒤따르는 죄악을 향해 정신없이 달려간다. 마음과 말과 행동이 세속적 더러움에 물든

'자아'에만 몰두한다면 그것은 극악한 죄이며 그 대가는 죽음뿐이다. 세상의 부를 향한 길과 신을 향한 길은 서로 동떨어져 있으며, 인간은 그중 원하는 길을 택해 걸어갈 수 있다.

마음이란, 육신을 영혼에 연결시키기도 하고 다른 한편으로는 세속의 재물에 연결시키기도 하는 유일한 매체이다. 따라서 우리는 필연적으로 양자택일의 기로에 서게 된다. 그리고 일단 주사위가 던져지면 그 목표를 향해 꾸준히 매진해나갈 수밖에 없다. 물론 부유함 그 자체가 영성의 길에 장애가 되는 것은 아니다. 영성은 가난하든 부유하든 모든 사람들에게 똑같이 부여된 공통의 자산이기에, 어느 누구도 영성이 자신만을 위한 특별 선물이라고 주장할 수는 없다. 영적 수행을 성공적으로 달성하기 위해서는 참된 소망과 정직한 목적의식, 순수한 생활, 그리고 목적을 향한 변함없는 헌신이 모두 필요하다. 부자들은 당연히 부정한 방법으로 재물을 모아서는 안 되며, 정직하게 벌어들인 재산을 헛되이 낭비하지 말고 유익한 일에 사용해야 한다는 것을 명심해야 한다. 그는 항상 자신의 재산을 신이 맡긴 신성한 위탁물로 여기면서 이를 가난하고 궁핍한 자들과 목마르고 굶주린 자들, 병들고 고통받는 자들을 돕는 데 사용해야 한다. 이 모든 사람들은 같은 인간이자 같은 아버지의 자식으로서 그에게 요구할 권리가 있기 때문이다. 이것은 현자 아쉬타바크라 Ashtavakra의 조언이었다. 그는 라자 자낙Raja Janak에게 실제적인 영혼의 과학을 전해준 후, 라자 자낙이 이 성스러운 길에 입문하기 전 스승에게 헌납했던 왕권을 되돌려주며 그와 같이 조언했다. 그는 스승의 조언에 따라 자신의 권력을 신(신인)에게서 나온 것이라 여기며, 그 힘을 신이 자신에게 맡긴 백성과 나라를 개선하는 데 사용하였다. 만일 정당하게 재물을 벌어들여 현명하고 유용하게 사용하지 않는다면, 인간은 쉽게 타락하여 이기적인 존재가 되어버린다. 그리하여 부정한 재물의 노예가 되어 자신을 옭아매는 황금의 사슬에 자기도 모르게 걸려들고 만다. 그리스도는 이 점을 경고하기 위해, 부자가 천국에 들어가는 것은 낙타가 바늘귀를 통과하는 것보다 어렵다고 단언했다. 노벨상 수상자인 T.S. 엘리어트는 이렇게 말하고 있다.

수확을 걱정하지 말고, 오로지 어떻게 씨 뿌릴 것인가에 전념하라.

씨를 뿌리는 일은 무엇보다도 중요하다. 수확의 질은 오직 어떻게 씨를 뿌리느냐에 달려 있기 때문이다. 그 다음에 필요한 것이 알맞은 재배이다. 이는 곧 인간답게 교화되는 과정으로서 저마다의 과거 행위에 따라 몇 차례의 환생을 거쳐야 하는, 일반적으로 아주 오랜 시간이 걸리는 과정이다. 그러나 스승의 은총과 함께 올곧고 확고한 헌신으로 나아간다면, 우리는 이 힘겹고 험난했을 길을 쉽사리 통과할 수 있다. 까비르는 말한다.

완전한 스승은 굽이지고 비탈진 길을 훤히 아나니
어떠한 길에서라도 제자를 곧장 데려갈 수 있노라.

적격한 안내를 받으며 진실로 노력하는 영혼의 순례자는 이 세상의 대양을 쉽사리 헤엄쳐 건널 수 있다. 비록 지금은 세속의 삶, 그 한가운데 있을지라도.

날마다 소리명상Bhajan과 심란Simran을 수행하지 않는 사람들은 항상 문제에 휩싸이게 된다. 그들은 끊임없이 욕망으로 가득한 쾌락의 물결 위를 떠다닌다. 세상에 대한 초연함을 단련하는 일은 자신을 정화하는 데 도움을 주며, 제자는 점차적으로 거대한 욕망의 나무인 유파스Upas*를 베어내게 된다. 그는 처음

엔 가지만을 잘라내다가 마침내는 그 뿌리까지 뽑아버리는 것
이다.

완전무결한 사람은 없다. 인간은 결점투성이의 어린아이이고
잘못은 늘 신념처럼 그를 따라다닌다. 그러나 아무리 죄에 빠져
드는 것이 인간이라고는 해도, 죄에 빠져 있기를 고집한다면 그
것은 극악한 죄이다. 나쁜 상품을 쌓아두는 일이 유익할 리 없
다. 사원에서 태어나는 것은 좋은 일이지만 그 안에서 죽는 것
은 잘못이다. 우리는 기성 종교가 제공하는 유아과정의 형식과
관습에서 서서히 벗어나 진정한 영성의 햇살 속으로 나아가야
하기 때문이다. 미래를 알고 싶다면, 그리고 피안의 실재로서 깨
어나고 싶다면 반드시 그 방법을 연구해보아야 한다. 미래를 생
각하지 않는 사람은 곧 현재를 후회하게 된다.

죄악과 슬픔은 인간의 변함없는 친구로서 늘 우리 곁을 따라
다닌다. 작은 실수는 차츰 더 큰 잘못으로 자라나지만, 잘못을

• 유파스(Upas): 맹독 성분을 지닌 나무로 유파스는 독을 의미한다. 다른 식물들에
게 응달과 안식처를 만들어주는 듯하다가 독성을 지닌 뿌리를 뻗어 파멸시키는 나무
로 유명하다. -역주

고백한다면 이는 반으로 줄어든다. 또한 진실한 참회와 선행은 고통을 크게 완화시켜준다. 만일 악마가 죽었다면 인간은 신을 위해 거의 아무 일도 하지 않았으리라. 급박한 재난의 전조를 느끼는 인간일수록 거기에서 벗어나고자 전력을 기울이는 법이다. 타인의 잘못을 발견하기는 대단히 쉽지만 자신을 바로잡기는 무척이나 어렵다. 자기 눈의 들보는 보지 못하기 때문이다. 신에 대한 경외심이야말로 지혜의 시작이며 앞날의 위험을 반으로 줄일 수 있는 길이다. 앞일을 조심하는 사람은 앞일을 보장받은 것과 다름없다.

물질계에 억류된 사람이 물질과 마음의 미망에서 깨어나고 싶다면, 그는 '해탈한' 완전한 스승의 지침에 복종해야만 한다. 그대가 지고 있는 모든 의무의 짐을 영적 스승의 발아래 내려놓으라. 그리하면 그대를 쥐고 있던 죄의 치명적 손아귀는 서서히, 그러나 확실하게 그 힘을 잃어갈 것이다. 주 크리슈나는 간곡하게 권유했다.

모든 것을 벗어버리고 나를 따르라.

그리스도는 이렇게 말했다.

짐 진 자들이여 내게로 오라.
내가 너희를 쉬게 하리라.

헌신적인 제자는 자신이 누워 있는 병실조차도 신을 향한 헌신의 성전이라고 여긴다. 신성한 말씀에 정통하며 다른 이들을 입문시킬 자격을 갖춘 스승이 바로 진정한 스승이자 완전한 안내자Murshid-i-Kamil이다. 그는 마치 유능하고 능숙한 관리인처럼 모든 행위의 대가를 매듭짓고 남은 빚을 청산한다. 그리고 예수가 말했듯 이렇게 권고한다.

더 이상 죄짓지 말라.

하주르 사완 싱Hazur Sawan Singh Ji에게도 이와 비슷한 일이 있었다. 한 제자가 공개 집회에서 잘못을 고백하며 은총을 구하자, 그는 온화하게 오른손을 들고 이렇게 말했던 것이다.

여기까지 왔으니 더 이상은 가지 말라.

　그렇다면, 우리는 아무것도 하지 말아야 하는가? 과연 그것
이 가능한 일인가? 대답은 간단하다. 마음의 지배를 받는 한 인
간은 행동하지 않을 수 없다. 그러므로 자신을 통제해서라도 스
승의 간청에 따라 행동하고, 더불어 가장 고결한 자질들을 키워
가야 하는 것이다. 아무것도 하지 않는다면 인간은 점차 죄악에
물들어가고, 마치 판도라의 상자처럼 폐부 깊이 숨어 있던 해악
을 풀어놓게 된다. 장미꽃 위에 눕고 싶다면 장미를 가꾸는 데
힘써야 한다. 그러나 우리는 항상 되는대로 행동하면서 이기적
인 목적만을 추구하고 있다. 자신이 무엇을 해야 하며 무엇을
해서는 안 되는지를 모르기 때문이다. 스승으로 온 성인은 그
시대의 신성한 사령관이다. 스승은 사랑, 인도, 가르침, 그리고
모범을 통해 인간이 헌신과 존경과 사랑으로 신성한 통로Divine
Link에 들어서도록 그들을 이끌어준다. 이 연결 통로야말로 신
이 우리 내면에 현시해준 나암Naam이자 내적인 신의 목소리이
며, 음류Kalma이자 생명의 소리Kalm-i-Qadim이고, 천상의 음악
Akashbani이자 말씀Bang-i-Asmani이다. 스승은 저택 때문에 존경

받는 것이 아니라, 그 저택이 스승 때문에 존경받는 것이다. 그렇기에, 이 신성한 존재야말로 가장 큰 사랑과 존경을 받을 만한 가치가 있다. 그는 우리를 신성과 연결시키며, 지금 이 순간 몰아의 경지를 체험하게 한다. 그리하여 우리는 신성한 내면의 연결통로를 뚜렷이 보게 되고, 차츰차츰 더 많은 신비적 체험에 이르게 된다. 우리는 사트상Satsang, 즉 영적 강연을 통해 과거에 지었던 많은 잘못들을 빠르게 사면받는다. 또한 생각으로든, 편지로든, 혹은 명상으로든 스승과 함께하면, 카르마와 좋지 않은 인간관계에서 벗어나는 데 상당한 도움을 받게 된다. 비록 인간의 죄가 끝이 없다 해도 신의 광대한 보물창고에는 여전히 무한한 자비가 존재한다. 인생의 여정을 거치는 동안, 인간은 국가와 사회, 종파를 막론한 어디에서나 나암(신성한 말씀)으로 이루어진 자신의 가방을 발견할 수 있다. 이는 바로 내면의 살아 있는 생명줄, 즉 신의 빛과 소리와의 연결을 뜻한다. 우리에게 익숙한 다양한 신의 명칭들은 저마다 지어낸 하나의 단어에 불과하다. 신은 불가분의 전체이자 묘사할 수도, 형언할 수도 없는 이름 없는 실재Nameless Reality이기 때문이다.

스승으로 온 성인인 산트 사트구루Sant Satguru는 성스러운 아버지이다. 그는 아주 멀리에서 모두의 이로움을 위해 이곳에 왔다. 그에게 죄인과 의인은 아무런 차이가 없다. 철로 됐든 금으로 됐든, 세상의 족쇄에 묶여 있기는 모두 마찬가지이기 때문이다. 스승은 모든 존재를 사랑하며 그 사랑은 용서로 이어진다. 단지 죄인이라는 이유만으로 스승에게 다가서기를 두려워하지 말라. 그는 아이들을 바로잡겠다고 소년원이나 감옥으로 보내지도 않으며, 어떤 혹독한 방법으로 아이들을 순종시키지도 않는다. 자애롭고 인자한 아버지는 결코 그리하지 않는다. 아이의 잘못을 바로잡기 위해 직접 나무라거나 약간의 육체적 고통을 겪게 할 수는 있지만, 그는 변함없이 아이와 함께한다. 비록 보이지는 않아도, 짧은 고통의 시간이 끝날 때까지 내면에서 아이를 떠받쳐준다. 그는 마치 숙련된 도자기공과도 같다. 한 손으로는 녹로에서 돌아가는 물동이를 부드럽게 망치질하면서 모양을 잡아주고, 다른 한 손으로는 물동이가 망가지지 않도록 그 안을 잘 받쳐주는 것이다. 스승의 사랑에 한계는 없으니, 신인Darvesh의 왕국은 곧 자비의 세계이다.

교도관의 임무는 죄수들을 지키면서 그들을 순화시키고 교화시키는 일이다. 천신들과 화신Avtaras들의 목적도 이와 비슷한

데, 그들은 인간에게 초자연적 능력ridhis과 초인적 능력sidhis을 아낌없이 선사함으로써 인간을 항상 자신에게 매어둔다. (이러한 능력은 세속적 일에 재능과 이익, 호의, 재산, 안락과 평안을 제공하며 좋은 일이나 나쁜 일에 사용할 수 있는 초인적 능력을 부여한다.) 천신들이 인간에게 부여한 이 한정된 구원과 평안은 인간을 자신이 도달한 영역까지만 이르게 할 뿐이며, 자신이 다스리는 영역들에 머무르는 것만을 허용할 따름이다. 그들은 결코 인간을 절대자와 합일시킬 수 없다. 이러한 낮은 차원의 힘들 스스로가 그러한 특권을 누리지 못하기 때문이다.

위에서 언급한 시디스sidhis, 즉 초인적 능력이란, 진리를 염원하며 어느 정도의 수련을 쌓아온 사람들에게는 저절로 찾아오게 되는 요가의 힘이다. 그러나 이러한 힘은 진정한 깨달음의 길을 가는 데 확실한 걸림돌로 작용한다. 인간은 대개 독심술과 예언, 투시력, 소원성취, 영적치료, 최면, 염력 같은 기적에 빠져들기 때문이다. 이러한 초능력은 여덟 가지로 분류할 수 있다.

- 아니마Anima – 외적인 눈으로는 볼 수 없는 존재가 되는 능력

- 마히마Mahima – 어떤 크기로든 육신을 늘릴 수 있는 능력
- 가리마Garima – 원하는 대로 몸을 무겁게 만드는 능력
- 락히마Laghima – 원하는 만큼 몸을 가볍게 만드는 능력
- 프라프티Prapti – 원하기만 하면 자신이 바라는 것을 모두 얻게 되는 능력
- 이쉬트와Ishtwa – 자신을 위해 모든 영예를 차지하는 능력
- 프라카이마Prakayma – 타인의 소망을 들어줄 수 있는 능력
- 바쉬트와Vashitwa – 타인을 마음대로 좌지우지할 수 있는 능력

반면에 실재에 정통한 위대한 스승Mahatma은 절대 영역으로 들어가는 열쇠를 쥐고 있다. 그는 인간의 빚을 청산하여 해방시키며, 이들이 세상에 있는 동안 신의 왕국에 들어갈 수 있도록 그 길을 열어준다. 물론 이것이 가능하려면, 인간은 자아를 신에게 완전히 맡기기로 결심하고 사랑과 헌신으로 그의 뜻에 따라야 한다. 그러나 마음의 명을 따르는 데 익숙한 사람들에게 이는 그다지 쉬운 일이 아니다. 갈고닦아 다스리지 못한 마음은 그 변덕스러운 성향으로 말미암아 어느 때는 받아들이던 일도 또 다른 때에는 저항하기 때문이다. 마울라나 루미Maulana Rumi

와 같은 성인들은 우리에게 이렇게까지 호소한다.

오라, 다시 오라, 그리고 또다시 오라.
비록 그대의 맹세가 수천 번 깨어졌다 할지라도.
스승이 내미는 구원의 손길 안엔
늘 그대를 위한 자리가 마련되어 있으니.

스승이 한번 우리를 받아들이면, 비록 시련의 순간을 이기지 못해 스승을 떠나거나 길을 잃고 방황한다 해도 스승은 절대 우리를 포기하지 않는다. 그리스도는 이렇게 선언했다.

나는 이 세상이 끝나는 날까지 너희를 버리지도, 떠나지도 않으리라.

스승은 매 순간마다 모든 이를 사랑과 자비라는 고유의 법칙으로 대한다. 우리가 그 사랑을 외면하여 더 오랫동안 자기 수양을 하게 될지라도 그의 사랑에는 변함이 없다. 완전한 평화와 영광의 원천이 육신의 위쪽에, 인간의 내면에 존재하고 있다. 내면에 평화가 없는 사람은 자신에게, 즉 마음과 영혼에게 진정한 양분을 공급해주어야만 한다. 바로 말씀Word, 즉 나암Naam이 진정한 '안식처'이자 평화의 공급원이며 평안과 구원의 전달자이다. '구원'이라는 단어는 일반적인 사전에 나와 있듯, 단지 죄에서 구해내는 것만을 의미하지 않는다. 진정한 구원이란 생사의 굴레를 벗어나는 것이고, 신의 영혼에 녹아드는 것이며, 영원불멸한 영혼의 삶을 뜻하는 것이다.

보통 사람들은 구원의 의미를 마음대로 바꿔버리고 있으며, 이는 여러 종파에서도 마찬가지로 일어나고 있다. 다양한 교단의 창시자들은 각자가 도달했던 내적 차원의 영적 체험들을 마치 영생과 구원의 최고점이나 최종 목적지인 양 묘사해왔기 때문이다. 스승으로 온 성인은 바로 이 모든 천계를 넘나드는 존재로서, 때로 비유를 통해 자신의 진정한 위치를 표현하기도 한다. 그는 분명하게 단언한다.

나는 세상의 빛이니,
나를 따르는 자는 어둠에 다니지 아니하고 생명의 빛을 얻으리라.

성인들은 바로 현생에서의 구원을 의미하는 존재이다. 사후가 아니다. 죽은 후에 무슨 일이 일어날지는 누구도 알 수 없기 때문이다. 사후의 구원이란 결국 신기루에 불과할 수도 있으며, 죽는 순간까지 미정 상태로 흘러가는 삶은 결코 좋은 인생일 수가 없다. 죽어야만 구원받을 수 있다면, 구원은 인간의 상상 속 허구에 불과하다. 진정한 성인은 바로 지금, 이 자리에서 영혼을 삶과 죽음의 모든 사슬로부터 풀어놓는다. 또한 그는 "지반 무크티Jivan-Mukti(진정한 구원)"라 일컫는 '삶 속의 죽음', 즉 현생에서의 해탈을 보장한다. 이제 영혼은 육체를 입은 채로 '형언할 수 없는 존재'와 교류하게 되고, 내면의 현이 마지막으로 뚝 끊어지는 순간, 전능한 신에게로 완전히 녹아들게 된다.

일반적으로 구원은 죽은 후에야 찾아온다고 생각한다. 그러나 흔히 생각하듯, 죽음은 육신의 붕괴와 소멸만을 뜻하는 것이 아니다. 죽는다는 것은, 육신에서 영혼의 흐름을 잠시 의식적으로 거둬들인다는 의미도 함께 내포하기 때문이다. 살아 있을 때는 세속의 실리만을 추구했던 사람이 죽는 순간 해탈한 영혼이 되리라 생각한다면, 이는 모순에 불과하다. 도덕적으로 단련된 영적 헌신자는 살아 있을 때 구원에 도달한다. 그들은 인류 최후의 적병인 '죽음'을 이처럼 '삶' 속에서 정복하는 것이다. 성 바울은 이렇게 선언했다.

내가 살고 있되 이는 내가 아니요,
오직 내 안에 그리스도께서 사시는 것이라.

나의 스승께서는 늘 이렇게 말씀하셨다.

살아서 판디트Pandit(힌두교 현자)는 죽어서도 판디트라.

카르마를 종결짓는 일, 그리고 영혼을 모든 사슬에서 해방시키는 일은 정치인이나 외교관, 혹은 정부의 소임이 아니다. 육신으로 화한 천신Avtaras조차도 이 부분에는 무력할 뿐이다. 앞에서 언급했듯이, 신Supreme Being의 아래 차원을 다스리는 천신과 여신 들 또한 최상의 차원에 다다르기 위해서는 인간의 몸을 입어야만 한다.

산트 사트구루Sant-Satguru, 즉 참스승의 보호를 받지 못하는 영혼들은 저장 카르마와 씨앗 카르마, 그리고 운명 카르마의 무거운 짐을 여전히 자신이 짊어져야 한다. 초월의 과학에 입문하지 않은 사람은 자신의 운명Pralabdha 카르마를 조금도 면제받지 못하며, 극도의 긴장 속에서 있는 그대로의 운명을 감수할 수밖에 없다. 씨앗Kryaman 카르마도 이와 크게 다르지 않다. 인간은, 마음에 좌우되어 이생에 뿌려놓은 씨앗 카르마들을 한 치의 오차도 없이 그대로 거둬들여야 하기 때문이다. 인간이 이를 믿든 믿지 않든, 이것은 엄격하고 냉혹한 법칙이다. 카르마의 법칙에 예외란 없다. 그는 오직 끊임없이 돌아가면서 시간이라는 무거운 회전바퀴 속에서 모든 것을 똑같이 갈아버릴 뿐이다.

우리의 행위는 선하거나 악하거나 신의 심판대에 놓이리라.

우리는 이 행위로 말미암아

날아오르기도, 수렁에 빠지기도 하나니,

말씀과 벗하는 이여, 이제 그대의 노고는 막을 내리리라.

또한 그대의 얼굴은 영광으로 타오를지니,

구원은 오직 그대만의 것이 아니라오.

오, 나낙이여! 더 많은 영혼이 이들과 함께 해방을 맞는구나.

그러므로 우리에게 무엇보다도 중요한 일은, 카르마의 영원한 수레바퀴를 멈춰줄 적격한 스승을 찾는 일이다. 우리는 그의 연꽃 같은 발아래 은신처를 마련하여 자신의 행위가 불러일으킨 마력적인 영향력에서 하루속히 벗어나야만 한다.

에필로그

진실한 삶

이 세상을 살아가면서 몸과 마음을 다스리기란 참으로 어려운 일이다. 그렇기에 우리는 단순한 삶을 추구하면서 진실하게 살아가는 법을 터득해가야 한다. 모든 일의 성패는 바로 진실한 삶에 달려 있다. 자신의 본성과 신을 찾는 일도 예외는 아니다. 그렇기에 진실한 삶의 중요성은 아무리 강조해도 지나치지가 않은 것이다. 이를 정확하게 묘사한 구절이 있다.

진리란 그 어떤 것보다도 위대하나,
그보다 더 위대한 것이 바로 진실한 삶이네.

단순한 삶과 고결한 생각은 오랜 옛날부터 하나의 이상이었기에, 인간은 항상 이러한 삶을 추구해왔다. 그러나 현대인들은 종종 진실한 삶을 가장한 채 입으로만 경의를 표할 뿐, 실제로는 진실한 삶에 거의 아무런 관심도 기울이지 않는다. 물론 최상의 생활방식을 달성한다는 것이 어렵게 느껴질 수도 있다. 하지만 진실한 삶이 의미하는 바가 무엇인지, 어떻게 하면 이러한 삶을 살아갈 수 있는지를 살펴보는 것은 우리에게 충분히 가치 있는 일이다.

우리는 어떤 일을 할 때 먼저 그 일의 목표를 정하고 그에 따르는 원칙들을 확인하며 그 목적을 달성할 수 있는 방법들을 연구해간다. 그리하여 마지막으로는, 정기적인 관찰을 통해 원하는 목적에 얼마나 가까워졌는가를 철저히 점검하게 된다. 물론 자신의 삶과 행동이 자기 자신에게, 또 주변 사람들에게 얼마나 나아졌는가를 알 수 있으려면, 먼저 한마음으로 목표를 향해 나아가면서 하루하루 정직하게 노력하는 일이 필요하다.

인생이란 과연 무엇일까?

누구나 이러한 질문을 떠올릴 수 있다. 숱한 인생 경험을 통해 세상사에 넌더리를 내는 노인이라면 삶에 대해 나름대로 깊은 성찰을 하게 된다. 인생이란 진정 무엇인가? 먹고, 마시고, 자고, 자식을 낳고, 두려워하고, 불안에 떨고, 싸우고, 움켜쥐고, 쌓아두고, 미워하고, 자기보다 약한 이들을 육체적·정신적으로 억압하고, 살생을 일삼고, 타인의 소유물을 가로채는 것이 인생이던가? 진정 우리는 세상의 부정한 재물을 누리는 데 인생을 허비하다가 결국에는 아무것도 얻지 못한 채, 곁에서 애통해하는 소중한 이들에게, 또한 자신에게 슬픔만을 남기고 비참하게 죽어가야 하는가? 대체 우리가 연연하는 세속적 가치란 무엇인가? 토지, 건물, 돈, 애완동물, 그리고 그 밖의 수많은 소유물들은 우리의 의지와는 상관없이 모두 남겨두고 떠나야만 하는 것이 아니던가? 이처럼 힘든 현실과 마주하고 있으면서도 세속의 재화를 쌓아두는 것을 삶의 유일한 궁극적 목표로 삼아야 하는가? 아니면 더 숭고하고 고귀한, 현재에도 그리고 미래에도 이어질 영구불변의 목적을 추구해야 하는가? 답은 간단하다. 우리는 전능한 존재를, 모든 생명의 원천이자 근원을, 행복의 집을, 영원한 평화를, 윤회와 카르마의 끔찍한 굴레에서 해방되는 방법을 삶의 가장 중요한 목적으로 삼아야 한다. 오직 이것만이 갈망하고 성취할 가치가 있는 인생의 최고선最高善이기 때문이다.

최상의 목표란 그저 요구하거나 간절히 바란다고 해서 이루어지는 일이 아니다. 최상의 목표를 달성하기 위해서는 먼저 이 목적을 성취시켜줄 누군가를 찾아야만 한다. 그는 이미 이러한 목적을 달성하여 신의 왕국에 도달했으며 타인을 자신처럼 이끌 수 있는 존재여야 한다. 빛은 빛에서 오듯 생명은 생명에서 온다. 그는 우리가 오래전에 잊어버린 고향을, 지금은 잃어버린 에덴동산을 끊임없이 상기시킴으로써 우리의 일상에 빠져 있던 부분을 일깨워준다. 그리하여 마침내는 피상적이고 목적 없는 현재의 삶 대신, 진정 살아 있는 순일한 삶으로 우리를 인도한다. 이 세상은 마치 연기와 그을음에 휩싸인 집과도 같기에, 우리는 어디를 가나 더러워질 수밖에 없다. 아무리 빈틈없이 행동하고, 온 힘을 다해 이곳을 빠져나가려 해도 우리 힘으로는 어쩔 수가 없다. 이 삶에 배어든 그을음과 더러움은 이제 헤아릴 수 없을 만큼 깊고 두터워 누군가의 도움과 안내 없이는 도저히 혼자서 씻어낼 수가 없는 것이다. 모든 인간은 정해진 운명(카르마의 힘)에 따라, 삶이라는 무대 위에서 각자가 맡은 역할을 이행할 수밖에 없다. 만일 스승으로 온 영혼이 모래톱과 여울을 피해 이 삶을 운항해주지 않는다면, 결국 우리는 아무 목적 없는 헛된 삶을 사는 것에 불과하다. 이 성스러운 조력자가 바로 신성한 성인이다. 우리는 그를 구루(빛을 밝히는 자), 교사, 사트구루(절대 진리와 합일된 신성한 존재), 무르쉬드-이-카밀(완전한 스승), 하디(안내자), 형제, 친구, 어른이라고 부르기도 하며, 원하는 바에 따라 더 다양한 호칭을 사용하기도 한다.

좀 더 면밀히 살펴보면, 인간의 삶은 대개 두 가지 중요한 부분에 따라 좌우됨을 알 수 있다. 이것이 바로 식생활(아하르)과 타인을 향한 행동방식(비하르)이다. 이 두 가지가 인생의 방향을 결정짓는 것이다. 인간은 책 등에서 얻은 한정된 정보나 관습에 기대어 이 두 가지를 실행해간다. 식생활과 행동양식의 밑바탕은 자신의 문화적 배경에 따라 형성되고, 이는 점차 습성으로 굳어지다가 결국에는 마음과 지성을 장악하게 된다.

여기에는 인간의 육체와 정신, 그리고 영적 삶에 대한 체계적인 가르침이 거의 존재하지 않는다. 이와 같은 정보의 혼란에서 벗어나려면, 이 두 가지를 구성하는 가장 본질적인 부분을 점검하고 분석해보아야 한다. 다시 말해, 우리의 삶을 형성하는 세 가지 요소인 육체, 정신, 영혼을 철저히 파악할 필요가 있다.

식생활(아하르)

　식생활은 인생의 문제 중 가장 중요한 부분을 차지하고 있다. 물리적 육체를 유지하기 위해서는 음식이 필요하다. 우리는 운명에 따라 정해진 수명이 다할 때까지, 즉 운명 카르마가 끝날 때까지 이 세상에서 살아가는 수밖에 없다. 살기 위해서는 무엇이든 먹어야 한다. 이 문제에 관한 한 별다른 대안은 없다. 카르마의 법칙은 냉혹한 손아귀로 세상을 통치하는 보이지 않는 자연의 질서다. 이 자연의 질서가 세상을 유지시키고 인간을 이곳에 묶어두는 것이다. 그러므로 우리는 닥치는 대로 무분별하게 먹는 습관에 빠지지 않도록 상당히 주의해야만 한다. 그러나 인간은 먹지 않고는 살아갈 수 없기에, 영적 수행에 가장 적은 해를 끼치는 음식을 선별할 필요가 있다. 조금만 주의를 기울여도 피할 수 있는 카르마를 필요 이상으로 지으면서까지 음식을 섭취해서는 안 되기 때문이다. 이를 제대로 이해하기 위해 자연의 섭리를 공부해보자.

　대부분의 음식물은 지상에서, 다시 말해 땅과 공기, 그리고 물에서 생겨난다. 우리는 또한 모든 동물과 식물에게 생명이 깃들어 있음을 알고 있다. 동물은 채소나 풀, 나무 등의 식물을 먹기도 하고, 서로를 잡아먹기도 하면서 생존해간다. 그러나 인간은 자연에 의존해서 살아감에 따라 동물(새와 짐승들)을 친구처럼 여기고 아껴왔으며 직접 이들을 기르기도 했다. 고대인들은 인간과 새, 동물 들이 모두 같은 카르마의 사슬에 묶여 있음을 잘 알고 있었다. 그들은 공동체적 형제애로써 자신과, 자신이 기르는 동물들을 위해 열심히 일했다. 모두를 위해 땅을 갈고 열매를 키우고 농작물을 생산했다. 그러나 시간이 흐르면서 인간은 편안함을 좇게 되었고, 그 결과 동물의 젖을 갈취하고 마침내는 그들의 살마저 먹기에 이르렀다.

인간은 도덕적, 사회적, 영적 규범에 따라 신의 피조물 중 어떤 동물도 해쳐서는 안 된다. 인도에서는 이러한 생활방식을 아힘사Ahimsa, 즉 모든 생명체에 대한 비폭력이라고 부르는데, 이 비폭력이 우리의 식단을 육식과 구별되는 채식으로 안내한다. 만일 우리가 자연스러운 음식과 부자연스러운 음식에 대해 깊이 생각해본다면, 지각 능력을 갖춘 생명체의 선천적 성향과 잠재적 기질을 더 정확하게 이해하게 될 것이다.

곡식류와 채소류, 과일류에 속하는 음식을 사트빅Satvic, 혹은 사토구니Satoguni라 일컫는다. 이는 평안과 균형을 가져오는 순수한 음식으로 현자와 선각자에게 어울리는 음식이다. 명상을 위해 외딴 동굴이나 오두막에 은거했던 성인과 수행자들은 땅에서 자라는 감자와 고구마, 아트초크 등의 채소를 즐겨먹었으며 물mool과 팔phal을 섭취하기도 했다. 물은 무나 순무와 같은 뿌리채소이며, 과일류인 팔은 그들이 명상에 집중하며 살아가는 데 충분한 비타민과 천연염분을 제공해주었다. 어떤 채소는 어느 정도 노력을 기울여 재배해야 했지만 어떤 것들은 저절로 풍요롭게 자라났다. 곡식은 모두를 위한 음식이었다.

사트빅, 즉 물이나 팔, 감자와 우유 같은 순수한 음식들은 수명을 연장시키고 각종 질병과 심리적 불안을 치유한다. 이러한 효능은 현대의학에서도 인정하는 것이다. 오늘날에는 많은 의약품이 약초와 과일, 곡물 성분으로 제조되고 있으며 그 효능 역시 높이 인정받고 있다. 또한 일광욕이나 해수욕, 진흙 목욕, 온천욕, 안마, 물리치료, 자연치료, 색채요법 등의 자연 치유법도 훌륭한 효과를 보여주고 있다. 사트빅한 음식과 단순한 생활은 인간을 가장 높은 수준의 문명 상태로 이끌어준다. 우리가 반드시 기억해야 할 점은, 음식이 인간을 위한 것이지 인간이 음식을 위한 존재가 아니라는 사실이다. 우리는 살기 위해 먹는 것이지 먹기 위해 사는 것이 아님을 늘 삶의 좌우명으로 간직해야 한다. 인간은 이러한 식습관을 통해, 보다 높은 차원의 도덕적이고 영적인 삶을 이해하게 되며, 이로써 차츰차츰 진정한 자신과 신에 대해 깨우쳐간다.

라자식Rajsic은 활력을 주는 음식을 가리킨다. 여기에는 채식 외에도, 소 이외의 다른 동물에게서 얻은 젖이나 크림, 버터 등이 포함되는데, 이는 알맞게 섭취할 경우에 한해서이다. 고대 인도에서는 동물의 젖을 마시는 일이 왕명에 따라 대부분 제한되어 있었다. 왕은 특별한 힘이 필요한 경우에만 이러한 음식을 섭취하도록 했는데, 이는 주로 삶의 원칙을 지키지 않는 미개하고 난폭한 사람들을 다스리기 위해서였다. 또한, 소의 젖을 짜기 위해서는 먼저 소를 잘 돌보아 길러야 했고 새끼가 먹을 몫도 충분히 남겨두어야 했다. 그 나머지 우유조차도 특별한 경우에만 마실 수 있었다. 이처럼 특별한 규율은 초기 문명사회의 타락을 막고자 만들어진 것이었다. 고대의 현자들도 약간의 우유를 마셨다. 그들은 홀로 은둔한 채 자급자족하면서 거의 모든 시간을 명상에 바쳤던 이들로, 새끼들이 먹고 자랄 수 있는 몫을 항상 넉넉하게 남겨두곤 했다.

아직도 인도의 몇몇 마을에서는 여분의 우유만을 마시는 것을 전통적 관습으로 지켜가고 있다. 그러나 인간은 오늘날, '인간의 이익을 추구할 권리'라는 미명 하에 걷잡을 수 없는 탐욕에 빠져 자연의 모든 법칙을 거스르고 있다. 인간은 불행하게도 '적자생존'의 법칙을 신봉하게 되었으며, 이 어리석은 선택으로 말미암아 값비싼 대가를 피할 수 없게 되었다.

지금 인간은 송아지를 희생시키면서까지 되도록 많은 우유를 짜내려고 궁리한다. 어떤 곳에서는 송아지가 태어나자마자 끓는 물에 넣어 버린 후, 착유기를 이용해 어미 소의 젖을 마지막 한 방울까지 짜내며 이윤에만 급급해한다. 이것이 바로 인간이 자랑하는 첨단 기술과 문명의 실체이다. 현 시대의 개혁가들은 농업을 활성화하고 가축을 기르는 대신, 이러한 상업적 관행을 강하게 추진해간다. 그러나 농업은 가장 적은 해를 끼치는 직업이며, 오늘날 수없이 논의되는 빈곤의 고통에서 인간을 구제하는 길이기도 하다.

타마식Tamsic은 인간을 마취시키는 음식으로 고기와 술, 마늘 등이 이에 해당한다. 또한 그 밖의 몇 가지 자연식품이나 가

공식품, 신선하거나 오래된 음식들도 여기에 포함된다. 가리지 않고 마음 내키는 대로 먹는 사람들은 먹기 위해 살지, 살기 위해 먹지 않는다. 그들은 쾌락을 위해 살아가며, "먹고 마시고 즐겨라."를 인생의 구호로 내세운다. 그들은 자신들이 외치는 달콤한 인생 속으로 정신없이 빠져든다. 무언가에 몰입할 수 있는 작은 힘이라도 생기면, 자신의 소아(小我)적 영광을 위해, 마음의 이기적인 욕구를 위해 몸과 마음을 모두 바치는 것이다. 인간은 이러한 삶을 높은 수준의 문명 생활로 여기며 만족해 한다. 절대적 차원에서 온 스승들은 영적 깨달음을 갈구하는 영혼들에게, 마음과 물질의 사슬에서 궁극적으로 해방되기를 바라는 사람들에게 이러한 행위를 엄격하게 금한다.

생각이 있는 사람이라면 잠시 멈춰 서서 자신이 지금 어디에 와 있는지를 깊이 고민하고 자각해야 하지 않을까? 왜 인간은 스스로를 만물의 영장, 만물의 최고봉이라 부르면서 이토록 자만하고 있는가? 어디까지 정신없이 달려가려는가? 그는 지금 당장이라도 무너질 듯한 가파른 낭떠러지 위에 서 있지 않은가? 인간은 자신의 행위로 말미암아 스스로를 자연법칙의 보복 속에 내던지고 말았다. 그는 언제라도 육체적, 정신적 붕괴의 한가운데로 떨어질 위험에 처해 있다.

인간은 밀림에 사는 맹수의 먹이를 따라 먹으며 마치 야생동물처럼 행동하고 있다. 그들은 소와 염소, 사슴과 양, 새와 물고기처럼 죄 없는 동물의 살점을 즐겨먹는 것은 물론, 부와 재물에 대한 끝없는 욕망을 채우고자 인간의 살과 피도 마다하지 않는다. 그들이 발전이라 자랑하는 자아확장self-aggrandizement의 과정은 아직도 끝나지 않았다.

인간은 스승이 정해주고 권유한 채식의 기본 원리에 대해 깊이 생각할 필요가 있다. 물론, 현대 과학자들이 증명하고 있듯, 식물에게도 잠재된 형태의 생명이 존재한다. 그러나 아직 우리는 세상의 무대 위에 펼쳐진 다양한 삶의 풍경 속에서 나름의 역할을 수행해가야 한다. 그러려면 육신과 영혼을 모두 보존해야 하는데, 결국 땅에서 나오는 음식물에 의지할 수밖에 없는 것이다.

그렇다. 채소와 과일, 그리고 곡식에도 당연히 생명은 존재한다. 생명의 본질은 성장과 쇠퇴에 있기 때문이다. 이러한 사실은 이미 태초부터 전해져온 사실이다. 어떤 과학자들은 이를 자신의 발견이라고 주장하기도 하지만, 이는 결코 새로운 견해가 아니다.

　이제 본론으로 들어가자. 세상의 모든 피조물은, 생명은 생명으로 살아간다는 자연의 법칙에 매여 있다. 다른 종의 생물들이 그러하듯, 인간도 생명이 깃든 음식을 먹고 살아간다. 이는 카르마의 구속과 관련된 문제로 볼 수 있다. 인간은 낮은 등급에 속하는 포유류와 파충류 등과 같은 배를 탄 셈이다.
　자연에는 이 물질 세상을 움직이는 또 다른 원동력이 존재하는데, 그것이 바로 진화의 법칙이다. 모든 생명체는 진화의 법칙에 따라 현재의 몸에서 다른 몸으로 옮겨간다. 또한 현재의 몸에서 더 높은 단계의 몸으로 옮겨감에 따라, 낮은 단계에 있었을 때와는 별개의 가치가 존재하게 된다. 본질적 가치뿐만 아니라 표면적 가치를 결정하는 근거도 물질과 지성에 있다. 한 존재를 특징짓는 물질적 구성 요인의 가치가 높아질수록 지성의 단계도 높아지는데, 이는 그 존재의 가치가 높아졌음을 의미하는 것이다. 성인들은 식습관의 문제를 해결하는 데 이 법칙을 적용한다. 인간이 여기에 신경을 쓰든 쓰지 않든, 그들 앞에 이 법칙을 제시함으로써 그들의 식습관을 바꾸려는 것이다. 그리하여 인간이 갇혀 있는 이 출구 없는 인과의 세상에서 되도록이면 무거운 카르마를 피하게 하려는 것이다. 각각의 음식에는 인간에게 영향을 끼치는 고유한 성분이 함유되어 있으며, 이는 인간이 궁극의 목적, 즉 참나와 신을 깨닫는 데 장애물로 작용한다. 이러한 법칙은 인간이 –비록 자신의 행동은 자각하지 못하더라도– 보편적으로 받아들이는 상식과도 일맥상통한다. 우리의 삶과 아래에 제시된 내용을 비교해보면, 우리가 사회적으로 납득하는 부분이 여기에 설명된 자연의 법칙과 놀랄 만큼 일치함을 확인할 수 있다.

인간의 육체는 타트와스tatwas, 즉 물질의 기본 요소인 흙, 물, 불, 바람, 에테르Ether가 완전하게 발현된 상태로 가장 높은 가치를 지니고 있다. 이러한 까닭에 인간은 만물 중 최고의 서열을 차지한다. 또한 이것이 인간을 창조주인 신 다음의 자리에 놓는 이유이기도 하다. 따라서 인간이 저지르는 살인은 가장 극악한 범죄에 속하며, 이는 사형에 처해지거나 그에 준하는 형벌을 받게 된다. 그 다음으로 가치가 높은 생명체는 네 가지 타트와스가 발현된 네발짐승과 포유류이다. 이들에게는 다섯 번째 요소인 에테르가 거의 존재하지 않거나 부분적으로만 미미하게 작용한다. 따라서 이러한 동물을 살해하면 그 가치에 상응하는 형벌을 치르게 된다. 그리고 다음이 조류인데, 이들에게는 세 가지 원소인 물, 불, 바람만이 활동하고 있으며, 따라서 그 가치는 상당히 낮게 평가된다. 그보다 더욱 가치가 낮은 생명체인 파충류와 곤충류, 벌레 등은 흙과 불의 두 가지 원소로 이루어져 있으며, 이들에게는 다른 세 가지 원소가 휴면 상태나 잠재적 형태로 존재한다. 무심결에 이들을 짓밟거나 죽인 경우에는 처벌이 따르지 않는다. 가장 가치가 낮은 것이 바로 근채류와 채소류, 그리고 과일류로서, 이들에게는 오직 물의 원소만이 활동하고 있으며 나머지 네 개의 원소들은 완전한 휴면 상태로 존재한다. 따라서 카르마의 관점에서 보자면 채소와 과일로 된 식단이야말로 가장 적은 고통을 불러오는 식습관이라 할 수 있다. 인간은 이러한 음식을 섭취함으로써 카르마의 짐을 최소화할 수 있는 것이다. 그러므로 먹는 일을 피할 수 없다면 되도록 카르마를 적게 짓는 음식을 섭취하면서 자신이 먹는 음식에 만족하며 살아갈 필요가 있다.

이제 "성 요한의 에세네• 복음서"에 담긴 가르침에 주목해보자.

그러자 제자들이 대답했다.

"저희는 어찌해야 합니까? 스승이시여, 당신은 영원한 생명의 말씀이오니, 가르쳐 주소서. 우리가 두 번 다시 병들지 않기 위해 피해야 할 죄악은 무엇입니까?"

예수께서 대답했다.

"네 믿음대로 되리라."

그러고는 그들 가운데 앉아 이렇게 말씀하셨다.

- 21장

"오래 전부터 이렇게 전해 내려왔도다.

'하늘의 아버지를 공경하고 대지의 어머니를 공경하며 그들이 내린 계율을 지키라. 그리하면 이 땅에서 오래도록 살리니.'

그런 후에 다음의 계율을 내렸도다.

• 에세네 교파: 신비주의 금욕단체로 BC. 2세기 경에서 AC. 1세기까지 사해 부근에서 활동했던 것으로 추정된다. 이들은 쿰란 공동체라고도 불리는데, 세속의 삶을 떠나 은거하면서 신에 대한 봉사와 금욕, 정직 등을 삶의 중요한 기준으로 삼았다. 1945년경부터 몇 년에 걸쳐 사해 부근 지역에서 이들이 남긴 것으로 추정되는 '사해사본'들이 발견되었으며, 이는 성서연구에 귀중한 자료로 쓰이고 있다. -역주

'살생하지 말라.'

모든 생명은 신에게서 나왔으며, 신에게서 온 것을 인간이 앗을 수는 없노라. 진실로 이르건대, 대지에 사는 모든 것이 한 어머니에게서 나왔으니, 다른 이를 죽인 이는 형제를 죽인 것이라. 그리하면 대지의 어머니가 등을 돌리고 생명의 젖줄을 떼어내리라. 그의 천사들도 그를 버리고 그의 몸에는 사탄이 거하리니, 그 육신에 들어간 짐승의 살점이 그의 몸을 무덤으로 삼으리라. 진실로 네게 이르나니, 살생은 곧 자신을 죽이는 것이요, 도살한 짐승을 먹는 것은 사망에 이르는 육신을 먹는 것이로다… 그리하여 짐승들의 죽음은 곧 자신의 죽음으로 이어지리니… 죄의 대가는 죽음이기 때문이라. 사탄의 노예가 되지 않으려면 살생하지 말고, 죄 없이 죽어간 네 형제의 살점을 탐하지도 말라. 살생은 고통으로 향하는 길이요, 이는 곧 죽음을 의미하기 때문이라.

그러나 신의 뜻을 행한다면 너희가 가는 생명의 길에 천사가 나와 섬길지라. 그러므로 신의 말씀에 순종하라.

'보라, 내가 너희에게 열매 맺는 씨앗을 주었으니, 이는 온 대지 위에 자랄 것이며, 또한 모든 나무를 주었으니, 그 열매로 씨앗을 맺

으리라. 이것을 너희의 양식으로 삼으라. 또한 땅 위의 짐승과, 공
중을 나는 새와, 땅 위를 기는 것과, 숨 쉬는 모든 생명에게 이 푸른
풀을 양식으로 삼게 하라.'

또한 젖으로 사는 모든 동물의 젖을 너희의 양식으로 삼으라. 내가
그들에게 푸른 풀을 주었듯, 내가 너희에게 그들의 젖을 주노라. 그
러나 그들의 살을, 생명을 부여하는 피를, 너희는 결코 먹어서는 안
될지니…"

- 22장

그러자 다른 제자가 말했다.

"이스라엘의 위대한 자 모세는 우리의 조상에게 깨끗한 짐승의 고
기는 먹게 했으며 불결한 짐승의 고기는 금했습니다. 그러나 어찌
하여 당신은 모든 짐승의 고기를 금하는 것입니까? 어느 것이 신
에게서 온 법입니까? 모세의 율법입니까, 아니면 당신의 법입니
까?"

- 23장

그러자 예수께서 말씀하셨다.

"신은 너희 조상에게 '살생하지 말라.'고 명하셨도다. 그러나 가슴이 완악해진 사람들은 살생을 멈추지 않았노라. 결국 모세는 그들이 사람만이라도 해치지 않도록 짐승 죽이는 일을 묵인해 주었노라. 그러나 네 조상의 가슴은 더욱더 완악해져 여전히 사람과 짐승을 죽였도다. 그러나 내가 너희에게 이르나니, 사람도, 짐승도 죽이지 말며, 죽인 것을 먹지도 말라. 생명 있는 음식을 먹는다면 그 음식이 너희를 살릴 것이요, 살생한 음식을 먹는다면 그 음식 또한 너희를 죽이리니. 생명은 오로지 생명에서 오고, 죽음은 언제나 죽음에서 오기 때문이라. 살생에서 비롯된 모든 음식이 네 육신 역시 죽일 것이며, 네 육신을 죽인 것이 네 영혼 또한 죽이리라. 그리하여 네 육신은 네가 먹은 음식대로 되리니, 이는 네 영혼이 네 생각을 따라가는 것과 같은 이치로다…"

- 24장

"그러므로 항상 신의 만찬을 즐기라. 나무 열매와, 들판의 곡식과, 채소와, 짐승의 젖과, 벌꿀을 즐기라. 이러한 범주를 벗어난 음식은 모두 사탄이며, 너희를 죄와 질병과 죽음으로 끌어가리라. 그러나 신의 풍성한 식탁에 차려진 음식은 너희 육신에 활력과 젊음을 주리니, 너희는 결코 병들지 않으리라."

- 25장

사회적 행위(비하르)

성인에게 주어진 또 다른 임무는 인간을 향상시키는 일이다. 그중에서도 가장 중요한 일은 인간을 신All-soul과 영혼에 대한 완전한 깨달음에 도달시키는 것이다. 성인은 진리를 쫓는 구도자들에게 몸과 마음과 지성을 철저히 정화할 것을 요구한다. 스승이 인간의 영혼과 육체를 묶고 있는 고르디우스의 매듭*을 풀기 위해서는, 먼저 그를 온전하게 다듬어야 하기 때문이다. 절뚝거리는 불구의 상태로는 자신에 대해서도, 신에 대해서도 아무

• 고르디우스의 매듭: 고르디우스의 전차에 묶여 있던 복잡한 매듭. 이 매듭을 푸는 자는 아시아의 왕이 될 것이라는 전설이 있었다고 한다. 이 매듭을 푼 자는 마케도니아의 알렉산드로스 왕이라고 전해오는데, 그는 우연히 근처를 지나가다 매듭에 얽힌 사연을 듣고 단칼에 매듭을 끊어버렸다고 한다. 주로 복잡한 문제를 단번에 대담하게 정리한다는 의미로 쓰인다. -역주

것도 알 수가 없다. 그렇다면 신을 갈망하는 자가 취해야 할 태도는 무엇인가? 이는 가장 근본적인 질문임에도 불구하고, 대부분의 사람들은 깊은 생각 없이 이를 간과하거나 무시해왔다. 일반 대중들이 이에 대해 접할 수 있는 지식은 얕은 수준에 불과했고, 그나마도 사회나, 경전, 혹은 종교적 성향을 띤 사람들이 흘리는 왜곡된 암시를 통해 알게 된 것이 대부분이었다. 그런데도 인간은 그 정확한 방법이나 방식에 대해서는 지적인 차원에서조차 알려하지 않았다. 사실, 이 문제에 제대로 관심을 기울인 적은 지금까지 한 번도 없었다. 어쩌면 성직자들의 종교적 편협함이나 두려움이 대중의 관심을 차단시켰는지도 모른다. 혹은 도처에 만연한 강력한 물질적 풍조 때문에, 식습관에 대한 규율을 정립한다는 것이 가망 없는 일이라고 여겼을 수도 있다. 그럼에도, 편중된 시각에서 벗어난 몇몇 사람들이 존재했고, 그들은 편견 없는 마음으로 동양의 문헌들을 연구했다. 그러나 이질적이고 독특한 용어 때문에 상당한 어려움에 부딪칠 수밖에 없었다. 그들은 이 언어를 명확하게 파악하지 못했으며, 저자의 의도 역시 정확하게 전달하지 못했다.

고대의 현자들, 즉 리쉬Rish와 무니Muni 들은 인생의 문제점을 면밀하게 파악했다. 그들은 삶의 다양한 측면을 총체적으로 분석함으로써, 인간의 완전함을 되찾을 수 있는 적절한 수련 과정을 정립하고자 했다. 그리하여 보편적으로 받아들일 수 있는 교화 과정이 도출되었고, 여기에는 참나와 영혼에 대한 지식, 그리고 궁극의 절대적 실재(위대한 진리)에 도달하는 방법이 담겨 있다. 그들은 먼저 인간의 자질(구나스)을 체계적으로 검토하기 시작했다. 구나스Gunas야말로, 마음의 움직임에서 시작되는 모든 카르마적 행위의 근간이자 가장 중요한 원인이기 때문이다. 그 다음 현자들은 구나스를 세밀하게 분석하여 전혀 다른 성질의 세 가지 부류로 나누었다.

- 사토군Satogun – 가장 높은 단계의 행동양식이다. 심적으로 안정된 순수한 생활이라 할 수 있다.
- 라조군Rajogun – 중간 단계의 행동양식이다. 사업 관계에서처럼 주고받는 양상을 띤다.
- 타모군Tamogun – 가장 낮은 단계의 행동양식으로 타인은 전혀 고려하지 않은 채 오직 이기적인 목적만을 추구하는 삶을 가리킨다.

아래에 제시한 두 가지 예를 통해 이 주제를 쉽게 이해할 수 있다.

먼저 봉사와 도움에 관련된 예를 살펴보자.

'가'는 타인에게 봉사하는 것을 삶의 원칙으로 삼고 있지만 자신의 행위에 대한 어떤 보답도 기대하지 않는다. 좋은 일을 한 후에는 이를 물에 흘려보내는 것. 이것이 그가 살아가는 방식이다.

'나'는 봉사와 도움을 베푼 후에 그와 똑같은 보답을 기대한다. 이는 물물교환이나 주고받는 원칙에 따라 움직이는 사업기관에 비유할 수 있다. 타인이 내게 한 만큼 나도 타인에게 행한다는 방식이다.

'다'는 다른 이들에게 봉사도, 도움도 베풀지 않으면서 자신은 도움을 받을 권리가 있다고 생각한다. 따라서 도움을 받게 되더라도 아무런 보답도 하지 않는다.

이제 자선에 대한 문제를 생각해보자.

'가'는 베풀고 나서 잊는다. 또한 어떤 대가도 바라지 않는다. 그의 원칙은 도움을 필요로 하는 약자들에게 사심 없는 봉사를 베풀며 살아가는 것이다.

'나'는 무언가를 베풀면 어떤 형태로든 그만큼의 보답이 돌아오길 기대한다.

'다'는 필요할 때면 언제든지 타인의 봉사와 도움을 취하지만 결코 보답하는 법이 없다. 바로 눈앞에서 타인이 비참한 고통을 당한다 해도 사정은 마찬가지다.

첫 번째로 언급한 '가'의 행동이 가장 훌륭한 행동양식인 사토 군이다. 그의 선행은 이 세상에서뿐만 아니라 신의 세계에서도 공덕으로 쌓인다. 두 번째의 '나'에게는 선행에 대한 보상이 남아 있지 않다. 그는 주고받는 사업적 태도로 이해득실을 따졌으므 로 그의 친절에 대한 예금액은 더 이상 남아 있지 않다. 이에 반 해 세 번째인 '다'는 카르마의 과정을 통해 갚아야 할 부채를 짊 어지게 되는데, 아마도 이 짐은 대대손손 영원히 이어질 것이다.

그러므로 스승들은 인간에게 첫 번째 방식을 따를 것을, 어떤 경우에도 두 번째 방식 아래로는 내려가지 말 것을 당부한다. 누구나 삶의 여정을 설계할 수 있으며, 어떤 방식으로 살아갈지를 결정할 수 있다. 사실 이것이 사회 체제 안에 속한 인간이 할 수 있는 일의 전부이기도 하다. 하지만 이것 자체가 목적은 아니다. 이는 단지 목적에 이르는 수단에 불과하다. 우리의 목적은 네-카르마Neh-Karma에 이르는 것이다. 다시 말해, 집착 없는 행위나 보상을 바라지 않는 행위에만 머물 것이 아니라 '행함 없는 행함swadham'에 이르러야 한다는 뜻이다. 그리하여 깨어난 내적 자아를 직시하면서 완전한 사랑, 완전한 생명, 그리고 완전한 빛의 근원을 경험해야만 한다. 그때서야 우리는, 물에 사는 물고기가 물에 젖지 않듯 진정한 자신으로서 진정한 삶을 살아가게 된다.

자아를 내맡기는 삶

개인의 행위Achar는 영혼의 길을 성공적으로 가는 데 빼놓을수 없는 중요한 요소이다. 신의 뜻을 향한, 즉 신이 택한 신인 God-man을 향한 변함없는 믿음과 완전한 조복은 진리를 쫓는 구도자가 따라야 할 삶의 기본적인 원칙이기도 하다.

현자들과 경전들은 한결같이 이렇게 말하고 있다. 세상에서 살아가되 마치 세상에 속한 듯 살아가서는 안 된다고. 대신, 세상과 세상의 모든 것에 완전히 초연한 자아포기self-abnegation의 자세로 살아갈 것을 강조한다. 그러므로 우리는, 진흙탕에 뿌리를 내리고도 어두운 연못을 지나 찬연한 햇살 속으로 피어오르는 연꽃과도 같이, 유유히 물 위를 떠다니다 언제라도 때가 되면 하늘 높이 비상하는 백조와도 같이, 그렇게 살아가야 하는 것이다.

그러나 우리가 자신의 주변 여건에서, 낮은 자아인 몸과 마음에서, 그리고 정신적 세계에서 초연히 벗어나기 위해서는 오로지 자신의 자아, 즉 개인의 의지를 신의 의지 안으로 흘려보내야만 한다. 그때가 되면 인간의 행위는, 마치 조정자의 손길에 따라 춤추고 뛰노는 무언극의 인형들처럼 그저 순수한 움직임으로 남게 된다. 이것이 바로 완전한 조복이며, "신이시여, 내 뜻이 아닌 당신 뜻대로 하소서."라는 무언의 열망이다. 인간은 이러한 태도를 통해 쉽사리 행함 없는 행함Neh-Karma에 이르게 된다. 겉으로는 인간이 어떤 일을 하는 듯 보이지만, 실제로는 그의 의지가 아니라 아버지 신, 즉 신성한 스승의 뜻을 실행하고 있는 것이다. 왜냐하면 이미 그는 스승에게 숨어 있는 신의 뜻을 분명하게 보았기 때문이다. 이제 그는 위대한 생명의 흐름을 따라 흘러가고 있을 뿐이다. 그는 자신이 보이지 않는 신의 손길로 연주되는 의식적 악기임을 알고 있기 때문이다.

자아포기Self-surrender란 자신의 모든 것을, 육신과 재산과 이

굳은 자아를 신과 신이 택한 스승에게 모두 내맡긴다는 것을 의미한다. 이는 흔히 생각하듯 개인의 파탄을 의미하는 것이 아니다. 위대한 신과 스승은 자식이 정당한 곳에 쓰도록 아낌없이 모든 것을 베풀 뿐이지, 이미 베푼 것을 돌려받으려는 존재가 아니다. 그런데도 인간은 신이 내린 선물에 대해서는 아무것도 모르는 채, 이 모두를 그저 자기 것이라고만 생각하면서 지나친 소유욕에 사로잡히고 말았다. 그리하여 수단과 방법을 가리지 않고 움켜쥐려 들며, 일단 손에 넣은 후에는 이를 지키기에 여념이 없다. 선물에 집착한 나머지 그것만을 단단히 붙든 채 그 선물의 위대한 증여자는 까맣게 잊어버린 것이다. 그리하여 인간은 거대한 미망 속으로, 모든 고통의 근원 속으로 서서히 휘말려 들어가고 있다. 물론 우리에게 주어진 선물이 우리 것임에는 틀림없지만, 이는 완전무결한 기증자의 뜻에 따라 우리에게 잠시 맡겨진 신성한 위탁물에 불과하다. 그러나 물질의 영역에서 살아가는 한, 우리가 세상의 지혜를 모두 동원한다 해도 이 거대한 인상의 마력에서 헤어날 수가 없다. 결국 그렇게 내버려둔 세상의 인상들은 하루하루 쌓여가다 거대한 벽이 되어 인간을 에워싸게 되었고, 그로 인해 명료한 인식력을 상실한 인간은 자신의 실체에 대해서도 까맣게 잊고 말았다. 그는 몸pinda과 마음 pindi-manas이 곧 자기 자신이라 확신한다. 이처럼 우리의 시야는 혼탁한 안경과 눈가리개에 막혀 오색지붕에 가려진 신Reality의 순백 광휘를 조금도 보지 못한다. 성인들은 이러한 인간에게 신을 얘기한다. 그들은 인간의 눈에서 오염된 안경과 근시안적 가리개를 떼어내고 이 세상이 신의 손길로 빚어진 아름다운 곳임을 명료하게 밝혀준다. 그렇기에 우리는 신에게서 받은 육신, 마음, 재물을 처음 선사받은 때처럼 정결하게 지켜가야 한다. 또한 이러한 선물을 신의 뜻에 합당하게, 신의 창조물에게 봉사하면서 지혜롭게 사용해야 한다. 이것은 이미 우리 내면에 깃들어 있는 신의 의지를 따르는 일이기도 하다. (만일 신성이 깃들지 않았다면 어떻게 우리가 존재할 수 있겠는가?) 그러나 인간은 신성과는 동떨어진 감각적 활동에 쫓겨 세상의 소용돌이 속에서 본래의 시각을 잃어버렸고, 결국 내면의 생명줄인 신의 빛과 소리마저 놓치고 말았다. 성인들은 우리에게 생명의 진정한 가치를 이해함으로써 외부의 그림자로 향하던 의식을 내면의 신에게로 돌리라고 얘기한다. '생명'은 '몸(육체)'보다 훨씬 소중하기 때문이다. 마찬가지로, 인간의 '몸(육신)' 역시 '옷(세속적 재물)'보다 소중한 가치를 띠고 있다. 그런데도 인간의 낮은 자아인 몸과 마음과 사념들은 세속의 재물을 오직 자기것으로만 여기면서 감각적 쾌락과 현세적 과시를 위해 이를 이기적으로 남용하고 있다. 만일 우리가 한순간이라도 육체의식을 초월할 수 있다면 진정 '내'가 누구인지를 알게 될 것이다. 또한 어떻게 하면 신이 주신 선물을 신의 뜻에 따라 최대한 활용할 수 있는지도 깨닫게 될 것이다. 그리하여 신의 선물은 더 이상 육욕과 자아확장에서 비롯된 악행에 이용되지도, 일시적 권력과 개인의 이익을 위한 도구로도 전락하지 않을 것이다. 이것이 현자 아쉬타바크라 Ashtavakra가 라자 자낙Raja Janak에게 실재의 경험을 전수한 후 들려준 위대한 가르침이다. 우리는 보물창고에 대한 이기적인 집착만큼은 반드시 버려야 한다. 그런다고 해서 우리가 더 가난해지는 것이 아니다. 오히려 이러한 마음가짐은 지고의 아버지가 베푸는 사랑의 선물을 더 많이 끌어오게 된다. 아버지는 지금, 한때는 방탕했으나 이제는 지혜롭게 성장한 아들을 보고 있기 때문이다. 이것이 바로 '내맡김surrender'이다. 더 높은 자아(영혼)를 위해 낮은 자아인 몸과 마음과 재물과 그에 속한 모든 것들을 신의 뜻에 내맡기는 것이다. 그럼으로써 우리는 삶의 진정한 목적인 네 카르마Neh-Karma, 즉 행함 없는 행함에 이르게 된다.

이제 좀 더 명확한 이해를 위해 한 가지 예를 들어보겠다. 구루 아르잔Guru Arjan Dev(1564~1606년 구루 나낙의 다섯 번째 계승자)의 제자였던 시크교도 바이 비카리에 대한 일화이다. 어느 날 구루 아르잔에게 한 제자가 찾아왔다. 제자는 구루에게 헌신적인 제자Gurbhakta를 한 명 소개시켜 달라고 부탁했다. 구루는 그의 부탁을 듣자마자 그 자리에서 바이 비카리에게 보내는 편지를 쓰기 시작했다. 그는 제자에게 편지를 건네주면서 며칠간 비카리의 집에서 머물다 올 것을 당부했다. 제자가 비카리의 집에 도착하던 날, 그는 관 덮개로 보이는 천에 조용히 바느질을 하고 있었다. 비카리는 자신의 형제를 매우 따뜻하게 맞아주었고, 제자는 비카리의 환대를 받으며 즐거운 시간을 보낼 수 있었다. 그렇게 며칠이 흐른 후, 제자는 슬슬 돌아갈 채비를 하게 되었다. 그러자 비카리가 제자를 붙잡으며 곧 다가올 아들의 결혼식을 위해 며칠만 더 머물러 달라고 부탁했다. 제자는 그의 간청을 받아들여 그곳에 좀 더 머물기로 했다. 며칠 후 결혼식이 시작되었다. 집안은 온통 잔치분위기로 떠들썩했지만 비카리만은 예전과 다름없는 조용한 모습이었다. 제자는 모든 혼례식

과정에 빠짐없이 참석했다. 흥겨운 예식 절차를 지켜보고, 집으로 들어오는 신부 행렬을 열렬히 환영하며 맞이하기도 했다. 그런데 이튿날 불행한 일이 일어났다. 이제 갓 결혼한 비카리의 외아들이 갑작스럽게 앓아눕더니 그만 죽어버리고 만 것이다. 비카리는 미리 준비해 둔 천을 조용히 꺼내들어 아들의 시신을 감싸기 시작했다. 그런 후에 시신을 화장터로 옮기고 평소와 다름없는 침착한 태도로 아들의 장례를 치렀다. 비카리는 이처럼 극심한 삶의 굴곡을 겪으면서도 시종일관 평온한 태도를 유지했고, 이에 너무도 놀란 제자는 할말을 잃고 말았다. 비카리에게서는 기쁨도, 슬픔도 찾아볼 수 없었다. 모든 것을 신의 뜻에 맡겼기 때문이었다. 그는 처음부터 모든 것을 알고 있었다. 그렇기에 개인적 감정은 전혀 드러내지 않은 채 묵묵히 순리를 따라 움직였던 것이다.

구루 나낙은 늘 이렇게 기도했다.

오, 신이시여! 제 뜻대로 하지 마시고 오로지 당신 뜻대로 하소서.

산트 까비르Sant Kabir 역시 항상 자신을, 모티Moti라는 이름의 개로 묘사하곤 했다. 자신은 오직 목줄을 쥔 신의 뜻에 따라 그가 가고자 하는 대로 따라가는 존재에 불과하다고.

그리스도는 항상 이렇게 기도했다.

당신의 뜻이 하늘에서 이루어진 것 같이 땅에서도 이루어지게 하소서.

힌두교 사제들과 이슬람의 성인darvesh들, 그리고 기독교 성직자들의 기도는 늘 "당신 뜻대로 될지어다."라는 구절로 종결되곤 한다. 이들은 각각 "타타 아스탓Tatha Astit"이나 "아멘"이라는 용어를 사용하지만 여기에는 모두 "당신 뜻대로 이루소서."라는 의미가 내포되어 있다.

위 글에서 분명하게 드러나듯, 스승과 제자들은 진실로 순수하다. 그들에게 신과 신인은 결코 자신과 분리된 존재가 아니다. 이러한 사람들은 과거와 현재와 미래를 마치 펼쳐진 책처럼 읽을 수 있으며, 그렇기에 항상 신의 뜻에 순응한다. 그리고 인간은 이러한 조복을 통해 "신은 그의 뜻을 따르는 자를 돕는다."

라는 피할 수 없는 결론에 다다르는 것이다. 그러나 이는 오직 굳건한 믿음으로 사는 사람들에게만 가능한 일이지, 늘 감각적 차원의 일상을 살아가는 보통 사람들이 이를 삶의 도피수단으로 삼을 수는 없는 법이다. 하늘은 스스로 돕는 자를 돕기 때문이다. 자아포기의 자질은 믿음의 정도와 수행의 단계에 따라 빠른 결실을 맺게 된다. 우리는 점차적인 경험을 통해 자아포기의 진정한 가치를 깨우쳐가고, 개인의 자아가 신의 의지 안으로 송두리째 사라지는 순간까지 계속해서 진보해간다. 그리하여 마침내는 인간 존재의 최고 영예인 네-카르마Neh-Karma, 즉 행함 없는 행함에 이르는 것이다. 각고의 노력을 기울이지 않아도, 신성을 향한 변함없는 믿음이, 신 앞에서의 완전한 조복이 우리를 영성의 대로로 안내한다. 이 두 가지가 바로 "참깨•"에 숨어 있는 비밀이다. 이것이 바로 내면에 세워진 성전을, 그 신의 왕국을 활짝 열어주는 마법의 열쇠인 것이다. 모든 경전은 이렇게 말하고 있다.

• 참깨: 영성의 열쇠를 아라비안 나이트에 나오는 유명한 동굴 주문에 비유했다. - 역주

그대들은 모르는가?

그대가 바로 신의 성전임을,

정녕 그대 안에 신이 있음을.

부 록

산트 마트

산트 키르팔 싱 지

산트 타카르 싱 지

산트 발지트 싱 지

산트 마트

Sant Mat

산트 마트는 내면의 빛과 소리 명상, 윤리적인 삶, 타인을 위한 봉사, 그리고 모든 창조물에 대한 사랑을 토대로 한 실천적 영성의 길입니다.

모든 인간의 본질은 영혼입니다. 산트 마트는 사랑을 기반으로 한 영혼과 신과의 관계가 주제입니다. 이러한 관계는 영적 스승을 통해 이루어지고, 인도 받으며, 유지됩니다. 인생의 궁극적 목적은 영혼이 신과 하나가 되는 것이며 그렇게 될 때까지 우리는 명상을 통해 이 내면의 관계를 심화해 나가야 합니다.

우리는 인간으로서 내면의 빛과 소리 명상을 통해 깨달음에 이르는 진화 과정을 체험할 수 있는 황금같은 기회를 얻었습니다. 우리는 자신이 영혼임을 반드시 알아야 합니다.

영적 스승

사람에게는 영적 문제를 지속적으로 도와주고, 이끌어주고, 우리의 영혼을 빛나는 신성(지고의 신)과 연결될 수 있도록 일깨워줄, 살아 있는 스승이라는 존재가 항상 필요합니다.

스승은 영적으로 가장 높은 곳에 도달한 존재로 다른 사람들도 이 같은 인생의 목적을 이룰 수 있도록 돕습니다. 스승은 인간 안에 있는 영혼이 얼마나 위대한지, 그리고 이를 깨닫는 것이 얼마나 중요한지를 알려주기 위해 쉼 없이 일하며 필요하다면 어디든 달려갑니다.

스승의 봉사와 가르침은 무료로 제공됩니다.

명상

내면의 빛과 소리는 신께서 현현된 근원적 형태입니다. 이 성스러운 두 가지 발현은 모든 사람의 내면에 깃들어 있습니다.

윤리적 삶

비폭력, 정직, 겸손, 그리고 모든 창조물을 향한 사랑은 윤리적 삶의 일부이며 여기에는 채식이 포함됩니다. 담배, 술, 마약 등 정신을 어지럽게 만드는 물질들은 의식을 떨어뜨리고 몸과 마음을 해롭게 하므로 산트 마트의 길을 따르고자 하는 사람이라면 이러한 것은 피해야 합니다.

윤리적인 삶에는 자기 생계를 정직하게 꾸려가기, 단순하고 건강하게 살아가기, 다른 이들을 돌보기, 그리고 모든 사람들을 존중하기 등 다양한 덕목들이 있습니다.

무아의 봉사

무아의 봉사는 산트 마트의 길을 가는 데 필요한 기본 요건 중 하나입니다. 대가나 보상을 바라지 않고 존경과 겸손으로 타인에게 봉사하는 것은 산트 마트의 길을 가는 첫 단계이기 때문입니다. 이길을 따르는 사람들은 세계 각국에서 조직을 두고 자선활동을 지원하고 있습니다. 또한, 많은 지역에서 산트 마트에 대한 새로운 소식을 듣고 서로 만날 수 있도록 명상 센터를 운영하고 있습니다. 이러한 모든 가르침과 지원은 자원 봉사자들에 의해 무료로 제공됩니다.

산트 키르팔 싱 지

Sant Kirpal Singh Ji

산트 키르팔 싱 지는 1894년 2월 6일 펀잡(현재 파키스탄령) 지역에서 태어났습니다. 그는 어린 시절부터 영성에 깊은 관심을 보였습니다. 그는 위대한 스승 바바 사완 싱 지에게 입문하여 자신의 삶을 자아 실현과 신을 깨닫는 데 헌신했습니다.

산트 키르팔 싱 지는 일찍 결혼하여 세 명의 자녀를 두었고 인도 정부의 공무원으로 일하면서 가족을 돌보았습니다. 그는 인도 출신으로 오를 수 있는 최고 위치에 이를 만큼 유능하였으며 함께 일하는 사람들 모두에게 사랑을 받았습니다.

그는 24년간(1924년부터 1948년까지) 사랑하는 스승인 바바 사완 싱 지 곁에 머물면서 내면의 신비로운 영역 깊은 곳을 탐구했습니다. 바바 사완 싱 지는 키르팔 싱을 가장 뛰어난 제자로 칭하곤 했으며 1939년에는 자신을 대신해서 입문을 진행하라고 청했는데 그 당시까지는 전례가 없던 영예로운 일이었습니다. 1930년대와 1940년대, 키르팔 싱 지는 스승의 지시에 따라 자주 사트상을 진행했습니다. 1947년, 키르팔 싱 지는 직장에서 은퇴하여 타인에게 봉사하는 일에만 온전히 헌신했습니다.

그 다음해에 키르팔 싱 지는 내면의 영혼의 과학을 사람들에게 전하기 위해 루하니 사트상을 설립하겠다는 계획을 세웠고 바바 사완 싱 지는 이를 승인했습니다. 그리고 얼마 지나지 않아 바바 사완 싱 지는 육신의 옷을 벗었고 산트 키르팔 싱 지가 후계자가 되었습니다. 1951년 산트 키르팔 싱 지는 델리에 헌신자들이 명상과 봉사와 사트상을 위해 모일 수 있는 사완 아쉬람을 세웠습니다. 그는 이후에 수많은 마나브 켄드라, 즉 "참인간 만들기 센터"를 설립하여 사람들이 사랑으로 타인에게 봉사하고 신께 헌신하면서 영성을 계발하고 기를 수 있도록 했습니다. 그는 일생 동안 수많은 책을 집필하였으며 오늘날에도 이 책들은 학술적인 가치를 인정받고 있습니다. 그는 1955년, 1963~1964년, 1972년 세 차례에 걸쳐 전 세계 순회 강연을 하였고 유럽과 북미, 남미에 평화와 희망의 메시지를 전파했습니다.

산트 키르팔 싱 지는 세계 평화를 위해 지칠 줄 모르고 노력을 쏟아 부은 것으로도 잘 알려져 있습니다. 그는 1965년에 유네스코(UNESCO: 국제연합교육과학문화기구) 개막 연설자로 초대받아 "핵 시대의 세계 평화"라는 연설을 하였는데 이것은 세계 평화를 위한 청사진이 되었습니다. 그는 1957년 세계종교회의를 설립하여 14년간 의장으로 봉사했으며, 서로 다른 문화간의 이해를 도운 공로를 인정받아 몇 차례 명예상을 받았습니다.

산트 키르팔 싱 지는 1974년 8월 21일에 세상을 떠났습니다. 그는 일생 동안 동서양 수백만 명의 사람들을 영적 길로 인도했습니다. 그는 처음으로 산트 마트를 서양 사람들에게 널리 알린 스승이었습니다. 그의 가르침의 핵심은 우리 모두가 순수 의식이라는 대양의 물 한 방울이며 신 안에서 형제 자매라는 것입니다. 그는 신께서는 사랑이시며 신께 되돌아 가는 길 역시 사랑이라고 가르쳤습니다. 산트 키르팔 싱 지를 아는 사람들은 그의 위대한 사랑과 연민과 겸손함을 기억하고 있습니다.

산트 타카르 싱 지

Sant Thakar Singh Ji

산트 타카르 싱 지는 1929년 3월 26일 북인도의 칼라라는 작은 시골 마을에서 태어났습니다. 그의 부모는 신께 헌신적이고 소박하면서도 순수하게 살았습니다. 사랑 가득하고 평화로운 환경에서 어린 산트 타카르 싱 지는 신과 신비주의적인 삶에 대한 이야기를 들으면서 자랐습니다. 12세 무렵이 되자 찬가와 기도문으로 된 시크교의 근본 경전인 아디 그란트에 정통하게 되었습니다. 부친이 일찍이 세상을 떠나 매우 힘겨운 일을 하면서 어머니를 부양하며 학업을 이어가기도 했습니다. 그리고 1951년에는 대학에서 우수한 성적으로 토목공학 학위를 취득하였고 수도국에서 기술자로 일하기 시작했습니다. 1952년에 그는 모힌다 카우르와 혼례를 올렸습니다.

1955년에서 1965년은 신과 연결되어 깨달음에 이르기를 갈망하던 산트 타카르 싱 지에게 치열한 영적 구도의 시간이었습니다. 그는 드디어 1965년 11월 25일 산트 키르팔 싱 지에게 산트 마트와 내면의 빛과 소리 명상에 입문하면서 그토록 구하고자 했던 것을 찾게 되었습니다. 산트 타카르 싱 지는 다른 이들에게 그 사실을 알리기에 앞서 새로이 찾은 영적 길에 3개월간 전념하면서 스스로 철저히 검증해 보았습니다. 그리고 결과에 매우 만족한 그는 스승인 산트 키르팔 싱 지의 가르침을 따르고 그 길을 다른 사람들과 나누는 데 진정 자신의 삶을 헌신했습니다.

1968년, 그는 산트 키르팔 싱 지의 요청에 따라 영적 강연을 하기 시작했습니다. 1969년에는 직장에서 4개월간 휴가를 내어 스승의 아쉬람에 머물렀습니다. 1974년 8월 초가 되자 산트 키르팔 싱 지는 산트 타카르 싱 지에게 명상에 더욱 헌신하라고 명했고, 산트 타카르 싱 지는 곧바로 직장에서 장기 휴가를 다시 냈습니다. 그리고 얼마 지나지 않아 1974년 8월 21일에 산트 키르팔 싱 지가 육신을 떠났습니다. 이후 산트 타카르 싱은 1974년 8월 말부터 1975년 11월까지 15개월 동안 집중 명상에 들어갔습니다. 그리고 1976년에 그는 직장에서 은퇴하고 영적 과업에 완전히 헌신했습니다.

1976년 2월 6일(산트 키르팔 싱 지의 탄신일)에 산트 타카르 싱 지는 산트 키르팔 싱 지의 후계자로 일하기 시작했습니다. 그의 사명은 모든 이의 내면에 신께서 거하신다는 사실과 각 영혼들이 모든 생명의 근원인 내면의 빛과 소리에 연결됨으로써 실제로 유익을 얻을 수 있다는 메시지를 온 인류에게 전하는 것이었습니다. 산트 타카르 싱 지는 이러한 사랑과 희망의 길을 전하고 수백만의 사람들에게 생명의 영원한 근원과 연결되도록 도우면서 정기적으로 세계를 순회했습니다.

소박한 삶을 살면서 아무런 대가 없이 다른 이들을 도왔던 그는, 단순하면서도 정직한 노동과 사랑으로 봉사하는 윤리적 삶을 살라고 권고했습니다. 그를 만났던 사람들은 그가 진정 겸손하고 소박하며 모든 이를 사랑하는 데 깊은 감동을 받았습니다.

2005년 2월 6일, 인도 핌팔너에서 산트 타카르 싱 지는 스승인 산트 키르팔 싱 지의 탄신 기념일을 축하하기 위해 모인 백오십만 명의 사람들 앞에서 산트 발지트 싱을 후계자로 소개하였습니다. 한달 후인 2005년 3월 6일에 산트 타카르 싱 지는 이 물질 세상의 차원을 떠나 신과의 영원한 합일을 이루었습니다. 그리고 그가 모든 인류를 위해 바쳤던 사랑의 미션은 산트 발지트 싱이 인도를 받아 훌륭하게 이어져 오고 있습니다.

산트 발지트 싱 지

Sant Baljit Singh Ji

산트 발지트 싱 스승은 1962년 북인도의 영적이고 헌신적인 가정에서 태어났습니다. 그는 어린 시절부터 부친께서 다른 이들에게 바가바드 기타(신들을 향한 사랑을 노래한 고대 인도의 경전)를 낭송해 주시는 광경을 보면서 영감을 받아 삶의 심오한 의미를 탐구하기 시작하였습니다. 학창 시절의 어느 날 그는 학교에서 "신은 사랑이다"라는 문구를 문득 보게 되면서 품고 있던 영적 탐구의 열망에 불을 지피게 되었고, 학교를 졸업한 이후 인도 해군함대와 상선함대의 기술 장교로 복무하면서도 영적 탐구를 계속하였습니다. 그는 삶의 목적을 깨닫고자 하는 사람들과 교류하였고, 영적인 길을 가는 데 도와줄 누군가를 만나기 위해 수많은 아쉬람과 사원을 찾아 다녔으며, 그렇게 삶의 진정한 의미를 발견하려는 노력은 날이 갈수록 깊어졌습니다.

그러던 1998년 어느 날 그는 고대로부터 전해져 오는 내면의 빛과 소리 명상을 가르치는 산트 마트의 스승인 산트 타카르 싱 스승님을 만나게 되었고, 이 만남으로 기나긴 영적 탐구의 여정이 마침내 끝을 맺었습니다. 그는 산트 마트의 선대 스승인 산트 키르팔 싱 스승의 추모일 전날에 인도 하리야나 주에 있는 찬디가르 외곽의 사케트리 아쉬람에서 산트 타카르 싱 스승에게 입문을 받았습니다.

이후 그는 산트 타카르 싱 스승을 다시 만나게 되었는데 산트 타카르 싱 스승은 그에게 명상에 더욱 집중하고 세속적인 활동을 줄이라고 명하였습니다. 그는 스승의 지침에 따라 몇 년간을 헌신적으로 명상에 집중해 나갔습니다. 그런 중에도 그는 불우한 사람들에게 봉사해야 한다는 신념으로 손길이 필요한 이들에게 도움을 주었습니다.

2005년 2월 인도 마하라쉬트라 주의 핌팔너에서 산트 키르팔 싱 스승의 탄신일을 기념하는 행사가 열렸습니다. 산트 타카르 싱 스승은 그 자리에 모인 백오십만 명의 사람들 앞에서 중대한 발표를 하였는데, 바로 산트 발지트 싱을 당신의 후계자로 소개한 것입니다. 이로써 산트 발지트 싱 스승은 바바 자이말 싱(1838~1903), 바바 사완 싱(1858~1948), 산트 키르팔 싱 (1894~1974), 산트 타카르 싱(1929~2005)에 이어 산트 마트의 영적 스승이 되었습니다.

산트 발지트 싱 스승의 목표는 모든 인류가 생명의 길인 산트 마트를 통해 자신이 영혼임을 깨닫게 하는 것입니다.

이 수행은 모든 전통적 신비주의자들이 언급했던 삶의 목적, 그 진정한 목적을 성취하도록 영적 길을 가는 데 필요한 삶의 양식들을 가르칩니다.

산트 발지트 싱 스승은 인류에게 고통은 줄여주고 평화와 조화, 행복을 주고자 애씁니다. 그의 가르침은 인류와 모든 창조물에 대한 봉사, 모두에 대한 연민과 보살핌, 다양함 속에서의 하나됨, 자연에 순응하는 생활방식, 윤리적 삶, 내면의 빛과 소리 명상을 토대로 합니다.

산트 발지트 싱 스승은 우리 모두가 신께서 창조하신 거대한 가족의 일원이므로 인간 혼의 위대함을 깨닫기를 바라면서 쉬지 않고 일하며 필요하다면 어디든 찾아갑니다.